上海市交通运输行业协会团体标准

市域铁路初期运营前安全评估技术标准

Technical standard for safety assessment before initial operation of suburban railways

T/SHJX 045—2022

主编单位：上海市交通运输行业协会
　　　　　中铁上海设计院集团有限公司
批准部门：上海市交通运输行业协会
施行日期：2023 年 1 月 10 日

同济大学出版社

2022　上海

图书在版编目(CIP)数据

市域铁路初期运营前安全评估技术标准／上海市交通运输行业协会，中铁上海设计院集团有限公司主编．——上海：同济大学出版社，2022.11
　ISBN 978-7-5765-0422-4

　Ⅰ.①市… Ⅱ.①上… ②中… Ⅲ.①城市铁路－铁路工程－安全技术－技术评估－技术标准－上海 Ⅳ.
①U239.5-65

中国版本图书馆 CIP 数据核字(2022)第 192620 号

市域铁路初期运营前安全评估技术标准

上海市交通运输行业协会
中铁上海设计院集团有限公司　　主编

责任编辑　朱　勇
责任校对　徐春莲
封面设计　陈益平

出版发行　同济大学出版社　　www.tongjipress.com.cn
　　　　　（地址：上海市四平路 1239 号　邮编：200092　电话：021-65985622）

经　　销　全国各地新华书店
印　　刷　苏州市古得堡数码印刷有限公司
开　　本　889mm×1194mm　1/32
印　　张　2.625
字　　数　71 000
版　　次　2022 年 11 月第 1 版
印　　次　2022 年 11 月第 1 次印刷
书　　号　ISBN 978-7-5765-0422-4
定　　价　30.00 元

本书若有印装质量问题，请向本社发行部调换　　版权所有　侵权必究

上海市交通运输行业协会

沪交协（2022）第 66 号

上海市交通运输行业协会
关于发布《市域铁路初期运营前安全评估技术标准》
团体标准的通知

经上海市交通运输行业协会第八届第十一次秘书长办公会议研究与审核，同意《市域铁路初期运营前安全评估技术标准》团体标准予以发布，发布编号为：T/SHJX 045—2022。

特此通知。

上海市交通运输行业协会

2022 年 10 月 10 日

前　言

根据上海市交通运输行业协会《关于发布〈2021年上海市域铁路规范标准编写计划〉的通知》（沪交协域铁（2021）第2号）的要求，由上海市交通运输行业协会、中铁上海设计院集团有限公司会同有关单位进行了广泛的调查研究，认真总结实践经验，参照国内外相关标准和规范，并在反复征求意见的基础上，制定本标准。

本标准的主要内容包括：总则；术语、缩略语和符号；前提条件；系统功能核验；系统联动测试；运营准备；附录A~C。

本标准由上海市交通运输行业协会负责管理，由中铁上海设计院集团有限公司负责具体技术内容的解释。希望各单位及相关人员在执行本标准过程中，结合工程实践和科学研究，总结经验，积累资料。如有意见和建议，请反馈至中铁上海设计院集团有限公司（地址：上海市静安区共和新路1265号；邮编：200070；电话：021-66825731；E-mail：liuy@sty.sh.cn），以供今后修订时参考。

主编单位：上海市交通运输行业协会
　　　　　　中铁上海设计院集团有限公司
参编单位：上海申铁投资有限公司
　　　　　　上海市域铁路运营有限公司
　　　　　　上海市城市建设设计研究总院（集团）有限公司
　　　　　　同济大学
　　　　　　上海市政工程设计研究总院（集团）有限公司
　　　　　　中国铁道科学研究院集团有限公司城市轨道交通中心
　　　　　　上海市隧道工程轨道交通设计研究院

主要编制人：周　淮　　刘建红　　陈茂华　　刘智平　　刘　洋
　　　　　　饶雪平　　姜文星　　曲行亮　　徐敢锋　　李　涛
　　　　　　何利英　　滕　靖　　周　华　　朱蓓玲
参与编制人：程　锐　　高　飞　　戴卫杰　　王法武　　苑方丞
　　　　　　叶一彪　　王亚丽　　崔　勤　　章建庆　　苗彩霞
　　　　　　杨新文　　叶玉玲　　王文斌　　戴源廷　　梅晓海
　　　　　　黄辛夷　　王凯道　　赵　博　　余　斌　　张中杰
　　　　　　肖军华　　刘　富　　于荣喜　　刘　斌　　周　期
　　　　　　罗志刚　　熊　磊　　李　政　　林腾达　　黄建平
　　　　　　钦　濂　　董建昆　　傅启清　　陆　云　　蒋丽华
　　　　　　颜　文　　刘　书　　刘苗苗　　周士琼　　胥亚丽
　　　　　　李　亮　　齐　林　　曲思源　　沈　维　　祁玉华
　　　　　　曹伟飚　　魏志恒　　朱　彬
主要审查人：沈秀芳　　忻铁朕　　史智惠　　陆　静　　应伯宣
　　　　　　吕永昌　　杨立新　　刘金叶　　李　强　　赵　源
　　　　　　刘立峰　　李培刚　　高显云

目　次

1　总　则 ·· 1
2　术语、缩略语和符号 ··· 2
　2.1　术　语 ··· 2
　2.2　缩略语 ··· 3
　2.3　符　号 ··· 3
3　前提条件 ·· 5
4　系统功能核验 ··· 8
　4.1　一般规定 ·· 8
　4.2　线路、限界及轨道 ··· 8
　4.3　路　基 ·· 10
　4.4　车站建筑 ·· 11
　4.5　结构工程 ·· 13
　4.6　车　辆 ·· 16
　4.7　电力及牵引供电 ·· 19
　4.8　通信及信息系统 ·· 21
　4.9　信号系统 ·· 23
　4.10　综合监控系统 ·· 26
　4.11　通风及空调系统 ··· 27
　4.12　消防与给排水 ·· 28
　4.13　车站机械设备 ·· 29
　4.14　车辆基地 ·· 31
　4.15　调度中心 ·· 32
5　系统联动测试 ··· 33
　5.1　一般规定 ·· 33

	5.2 轮轨关系 ……………………………………………	33
	5.3 弓网关系 ……………………………………………	37
	5.4 信号防护 ……………………………………………	39
	5.5 防灾联动 ……………………………………………	42
	5.6 噪声及电磁环境 ……………………………………	46
	5.7 接地性能 ……………………………………………	48
6	运营准备 …………………………………………………	52
	6.1 组织架构 ……………………………………………	52
	6.2 岗位与人员 …………………………………………	52
	6.3 运营管理 ……………………………………………	54
	6.4 应急管理 ……………………………………………	55
附录 A 试运行关键指标计算方法 ……………………………		58
附录 B 系统联动测试指标计算方法 …………………………		62
附录 C 测试参考表 ……………………………………………		64
本标准用词说明 …………………………………………………		65
引用标准名录 ……………………………………………………		66
条文说明 …………………………………………………………		67

1 总 则

1.0.1 为明确市域铁路项目初期运营前工程整体功能、设施设备系统功能和运营管理等方面应达到的基本要求，制定本标准。

1.0.2 本标准适用于新建、改建和扩建设计速度 100 km/h～160 km/h 的市域铁路项目初期运营前安全评估。

1.0.3 本标准未涉及的新技术、新工艺、新设备、新材料，其安全评估应符合国家、行业及地方标准的有关规定。

1.0.4 市域铁路项目初期运营前安全评估除应符合本标准外，尚应符合国家、行业及地方现行有关标准的规定。

2 术语、缩略语和符号

2.1 术　语

2.1.1 市域铁路　suburban railway

为都市圈中心城市城区连接周边城镇组团及其城镇组团之间提供公交化、大运量、快速便捷的轨道交通系统，是城市综合交通体系的重要组成部分。

2.1.2 测试列车　test train

装备检测设备，用于系统功能核验、系统联动测试的列车。

2.1.3 联调联试　testing and commissioning

在单专业系统调试基础上，对两个及以上专业系统的功能、性能、状态和系统间匹配关系进行检测、调整、优化及验证的过程。

2.1.4 试运行　trial running

市域铁路工程与行车有关的项目通过验收，冷滑和热滑试验成功，系统调试和联调联试结束，具备行车基本条件的情况下，通过不载客列车运行，对运营组织管理和设施设备系统的可用性、安全性和可靠性进行检验的活动。

2.1.5 初期运营　initial operation

市域铁路工程整体系统可用性、安全性和可靠性经试运行检验合格，按规定验收合格，通过安全评估后，在正式运营前所从事的载客运营活动。

2.1.6 甩项工程　rejection project

指未按照市域铁路工程初步设计批复完工的部分单位工程或工程部位。

2.1.7 运营单位 operation company

负责市域铁路运营管理业务的运输企业。

2.1.8 调度中心 dispatching center

调度人员通过使用通信、信号、供电、综合监控、乘客票务等中央级系统操作终端设备，对全线和全网列车运行、电力供应、车站设备、防灾报警和乘客票务等实行管理和调度指挥的中心，是信息的集散地和交换枢纽。

2.2 缩略语

ATC——Automatic Train Control　　列车自动控制
ATO——Automatic Train Operation　　列车自动驾驶
ATP——Automatic Train Protection　　列车自动防护
CCD——Charge Coupled Device　　电荷耦合元件
CTC——Centralized Traffic Control　　调度集中
CTCS——Chinese Train Control System　　中国列车运行控制系统
IBP——Integrated Backup Panel　　综合后备控制盘
TCC——Train Control Center　　列控中心

2.3 符　号

A——受电弓垂向加速度(硬点)；
a——接触线拉出值(mm)；
D——接触线导高(mm)；
ΔD——定位点处接触线动态抬升量(mm)；
F_m——平均接触力(N)；
$F_{m,max}$——平均最大接触力(N)；
$F_{m,min}$——平均最小接触力(N)；
H——轮轴横向力(kN)；

Δh——跨内定位点间高差(mm);

L——简支梁跨度(m);

n——燃弧次数;

P——轮轨垂向力(kN);

$\overline{P}$——平均静轮重(kN);

P_0——静轴重(kN);

ΔP——轮轨垂向力相对平均静轮重的减载量(kN);

$\Delta P/\overline{P}$——轮重减载率;

Q——轮轨横向力(kN);

Q/P——脱轨系数;

TQI——轨道不平顺质量指数;

T_{max}——一次燃弧最大时间(ms);

V——试验速度(km/h);

μ——燃弧率;

σ——接触力标准偏差。

3 前提条件

3.0.1 市域铁路项目应在符合下列条件后方可开展初期运营前安全评估:

  1 试运行关键指标达到要求,且试运行期间发现的安全隐患和较大质量问题已完成整改。

  2 按规定验收合格,且验收中发现的影响运营安全和基本服务质量的问题已完成整改。

  3 有甩项工程的,主体工程内容必须满足通车条件验收合格,甩项工程不应影响运营安全和基本服务水平,有明确范围和计划完成时间,并取得有关部门的认可。

  4 按照规定设立市域铁路线路安全保护区,根据工程竣工资料进行勘界,绘制市域铁路线路安全保护区平面图,并在具备设置条件的保护区设置提示或警示标志。

3.0.2 试运行前应完成系统调试和联调联试。试运行时间不少于3个月,其中按照开通运营时列车运行图连续组织行车20 d以上且关键指标(计算方法见本标准附录A)符合下列规定:

  1 列车运行图兑现率不低于98.5%。

  2 列车正点率不低于98%。

  3 列车服务可靠度不低于2.5万列公里/次。

  4 列车退出正线运行故障率不高于0.5次/万列公里。

  5 车辆系统故障率不高于5次/万列公里。

  6 信号系统故障率不高于1次/万列公里。

  7 供电系统故障率不高于0.2次/万列公里。

  8 站台门故障率不高于1次/万次。

3.0.3 贯通运营的延伸线工程项目应按全线列车运行图开展试运行,其中除供电系统故障率、站台门故障率按延伸区段统计外,其余关键指标应按全线统计。开通线路涉及与其他线路互联互通时,应按实际情况增加相关联调联试、验收和试运行内容。

3.0.4 市域铁路项目应具有试运行情况报告,其内容包括试运行组织基本情况、试运行期间主要设施设备运行情况和相关数据记录、设施设备运行安全性和可靠性分析、试运行发现问题整改情况等。

3.0.5 市域铁路项目应具有符合规定的下列文件:

1 工程项目建设规划批复。

2 工程可行性研究和初步设计批复。

3 重大设计变更批复。

4 用地和建设规划许可文件。

5 土建工程及其装饰装修、设备系统及其安装工程等工程建设(含防雷)质量验收监督意见。

6 车站、区间、区间风井、车辆基地、调度中心、主变电所等消防验收文件。

7 起重设备、电(扶)梯、自动人行道、压力容器、压力管道等特种设备验收文件。

8 人防验收文件。

9 卫生评价文件。

10 建设单位编制的环保验收报告。

11 档案验收文件。

12 防涝(防淹)专项论证报告。

13 票价批复文件。

14 对运营服务专篇意见应具有对照、检查、落实的材料。

15 运营单位应符合规定条件,并具备安全运营、养护维修、应急处置能力的情况说明和证明文件。

16 环保评价文件,应包括非重大环境影响分析报告和环评措施落实情况说明。

17 政府主管部门要求的其他材料。

4 系统功能核验

4.1 一般规定

4.1.1 系统功能核验项目主要包括线路、限界、轨道、路基、桥梁、隧道、车站、车辆、电力、牵引供电、通信、信息、信号、综合监控、通风、空调、消防、给排水、车站机械设备、车辆基地、调度中心等系统功能的测试和检查。

4.1.2 系统功能核验的具体测试内容应结合工程实际合理确定。

4.1.3 安全评估中各项系统功能核验所需的测试列车和设备应建立台账；对于大型、复杂、精密的测试设备，应编制操作规程。

4.1.4 测试列车和设备应在启用前进行首次检定/校准。测试设备的检定/校准周期应按计量器具检定管理规定执行。

4.1.5 路基、桥梁、隧道、车站等应设有结构工程监测系统，对结构沉降和变形等进行监测和分析；无砟轨道还应具有线下工程沉降变形评估报告。

4.1.6 涉及网络与数据安全且通过等级保护定级备案的系统，须通过与定级备案相同的等级保护测评，并提供测评报告。

4.1.7 系统设备机房温度、湿度满足安全运行要求，应具有防电磁干扰测试合格报告。

4.2 线路、限界及轨道

4.2.1 投入使用的正线、到发线、配线、车场线应满足列车运行和应急救援需要。

4.2.2 应完成车站、区间、出入线和车辆基地轨行区建筑物、设备等的限界检测,具有完整的限界检测合格报告,检测应符合表 4.2.2 的规定。

表 4.2.2 测试表 1—轨行区限界检测

项目名称	轨行区限界检测
测试目的	检测轨行区建筑物、设备等的限界是否符合设计要求
测试内容与方法	1 检测车站有效站台边缘与车厢地板面高度处车辆轮廓线之间的水平间隙、站台门与车辆轮廓线或车辆限界之间的水平间隙、站台面与车厢地板面之间的高差等。 2 检测车站非有效站台、疏散平台、人防隔断门、防淹门、接触网下锚坠砣、轨旁设备及电缆支架的边缘与设备限界间的安全间隙,疏散平台面与车厢地板面之间的高差等。 3 检测出入线轨行区设备与设备限界之间的安全间隙,车辆基地库外建筑物、车库大门、轨行区设备等与设备限界之间的安全间隙,库内检修平台(含安全栅栏)与车辆轮廓线间的安全间隙等
测试结果	轨行区建筑物、设备等的限界应符合设计要求

4.2.3 正线、到发线、配线、车场线尚未使用的道岔、预留延伸线终端、预留引入线路接轨端等预留工程应分别采取道岔定向锁闭、设置车挡等安全防护措施。

4.2.4 车挡应安装完成并能正常使用,滑移式挡车器的滑行范围内不得存在钢轨普通接头。

4.2.5 应具有道岔、钢轨焊点的探伤测试合格报告和栓接部位的栓接扭矩测试合格报告;对于无缝线路地段,还应具有锁定轨温、单元轨节长度和观测桩位置等技术资料。

4.2.6 道岔转辙机及其杆件基坑处应无积水;各专业过轨管线使用道床应预留过轨孔洞,因特殊原因需直接过轨时应采取绝缘措施。

4.2.7 线路基标、百米标、坡度标、曲线要素标等线路标志,限速标、停车标、警冲标等信号标志应配置齐全、安装牢固。

4.2.8 外部环境安全应符合下列规定:

1 市域铁路与公路、城市道路交叉处,桥梁净空高度低于 5 m 时,应具有限高设施和限界防护架;位于道路一侧或交叉口的墩柱有可能受外界撞击时,墩柱应具有防撞击的保护措施。

2 市域铁路区间路基及地面车站应设置防护栅栏等隔开设施;市域铁路区间线路并行铁路、城市轨道交通线路时,应满足建筑限界及运行安全要求,并合理设置隔离栅栏;市域铁路与公路、城市道路并行间距较小时,应在靠近市域铁路的公路、城市道路侧设置护栏,其防撞等级应满足相关标准的规定。

3 沿线通航桥梁应规范设置桥柱标、桥梁航标、桥梁水尺标及水面航标等助航标志和醒目的安全警示标志。

4 沿线上跨市域铁路的道路桥梁若存在渗(漏)水隐患,应进行整治;桥外侧附挂管线(排水管、通信光电缆)等应在接触网送电前拆除;防抛网应安装到位,警示标识应齐全。

5 跨越、下穿或者并行市域铁路线路的油气、供气、供热、给排水、电力等管线应满足相关国家标准、行业标准及管理的规定。

6 在市域铁路线路两侧建造、设立生产、加工、储存或者销售易燃易爆或者放射性物品等危险物品的场所、仓库,应符合国家和行业标准规定的安全防护距离。

4.3 路 基

4.3.1 路基面应平整、无裂缝;路基支挡、防护工程应完整、无裂缝。

4.3.2 路基动力性能检测内容应包括路基动荷载、路基动变形和路基振动加速度等,检测应符合表 4.3.2 的规定。

表 4.3.2 测试表 2—路基动力性能检测

项目名称	路基动力性能检测
测试目的	检测路基动力性能是否符合设计要求

续表4.3.2

测试内容与方法	1 检测内容:包括路基动荷载、路基动变形和路基振动加速度。 2 检测方法。 　1)路基动荷载:在路基面埋设动态压力传感器进行测试。 　2)路基动变形:在路基面设置位移传感器测试路基面的变形。 　3)路基振动加速度:在路基面设置速度或加速度传感器进行测试。 3 测点选取原则。 　1)路基动力性能测点每累计长度 10 km 正线路基选取典型路基及过渡段 2 处~4 处进行检测;在全线累计路基长度小于 10 km 的情况下,连续路基段落数大于等于 4 段时,选取不少于 2 处进行检测;连续路基段落数小于 4 段时,选取不少于 1 处进行检测。 　2)特殊条件下路基动力性能测点选取原则: 　　(1)首次采用的新型的结构路基及过渡段; 　　(2)特殊填料的路基及过渡段; 　　(3)特殊地质条件的路基及过渡段; 　　(4)铺设新型或特殊轨道结构的路基及过渡段; 　　(5)施工过程出现重大缺陷或单位工程验收中异常的路基及过渡段; 　　(6)设计中提出特殊要求的路基及过渡段
测试结果	路基动力性能检测指标结果应符合下列要求: **路基动力性能评价指标** | 检测项目	有砟轨道	无砟轨道
---	---	---
路基动荷载(kPa)	$\leqslant \alpha P_0$	—
路基动变形(mm)	$\leqslant P_0/200$	$\leqslant 0.22$
路基振动加速度(m/s²)	$\leqslant 10.0$	$\leqslant 10.0$	 注:α 取 0.4 kPa/kN,P_0 为静轴重(kN)

4.4 车站建筑

4.4.1 车站每个站厅公共区至少有 2 个独立、直通地面的出入口具备使用条件;地下一层侧式站台车站的每侧站台应有不少于

2个直通地面的出入口具备使用条件；共用站厅公共区的换乘车站，站厅公共区每条线应有不少于2个直通地面的出入口具备使用条件。出入口应分散布置，且满足站厅公共区任一点至最近出入口的走行距离应不超过50 m。

4.4.2 车站投入使用的出入口应与市政道路连通，当出入口朝向城市主干道时，应具有客流集散场地；当出入口台阶或坡道末端与临近的道路车行道距离小于3 m时，应采取护栏或其他安全防护措施；影响车站客流集散的站外广场应与车站同步具备使用条件。

4.4.3 车站楼梯、公共厕所和无障碍设施应具备使用条件；车站出入口至站厅、站厅至站台应至少各有1台电梯和1组上、下行自动扶梯具备使用条件。

4.4.4 车站公共区和出入口通道不应有妨碍乘客安全疏散的设施设备，安检设施不应占用乘客紧急疏散通道。

4.4.5 车站公共区有关设施设备结构、过道处、楼梯口、楼梯装饰玻璃边角、扶手转角及其连接部位、防护栏杆、不锈钢管焊缝处等不应有尖角或突出物；车站地面嵌入式疏散指示应与地面平齐；应对车站公共区及站台地面进行防滑处理。

4.4.6 站台上的停车标、站台门及防踏空胶条应与车辆匹配。

4.4.7 地上车站钢结构屋顶应有防坠落措施，上方检修爬梯应安装牢靠并加设安全护笼。

4.4.8 车站公共区卷帘门应有防坠落措施；车站公共区防护栏杆应埋设牢固；出入口通道内扶梯控制箱门、消防栓箱门等暗门应安装门锁和把手。

4.4.9 车站出入口排水沟畅通，排水系统应与城市排水系统连通，出入口建筑、无障碍垂直电梯接缝应完成密封处理；车站出入口建筑应满足防涝防淹要求。

4.4.10 车站出入口不应设置在道路中央的绿化隔离带上，因特殊原因无法避免时应有连接人行的过街措施；当车站采用顶面开设风口的风亭时，风亭开口处应具有防护栏和防护网或其他安全防范措施。

4.4.11 车站醒目位置应公布安全乘车注意事项、监督投诉电话、本站首末车时间和周边公交换乘信息，并按规定张贴市域铁路禁止、限制携带物品目录。

4.4.12 车站紧急情况下使用的消防设施、安全应急设施、疏散通道和紧急出口，应具有齐全、醒目的警示标志和使用说明。

4.5 结构工程

4.5.1 轨行区电缆、管线、射流风机、广告灯箱等吊挂构件，以及声屏障、防火门、人防门、防淹门、防护门等构筑物，应具备安装牢固、定位锁定和防护措施是否到位的检查记录。

4.5.2 地下工程（含车站、区间、出入场段等）临近轨行区旁的分隔墙，应进行风荷载和振动荷载作用下的结构抗疲劳性、安全性和耐久性计算和分析，不应采用砖砌墙。

4.5.3 设备安装未使用的结构预留孔洞应完成封堵；区间结构施工遗留的混凝土浮浆、碎块等异物和设备安装遗留在结构本体上的铁丝、铁片、胶条等异物均应清除。

4.5.4 区间的救援疏散通道应具备使用条件。作为疏散通道的道床面应平整、连续、无障碍；轨行区至站台的疏散楼梯、疏散平台在联络通道处的坡道连接、联络通道的防火门开启等不应影响乘客紧急疏散。

4.5.5 车站站台顶板、设备用房、行人通道等结构不应渗水，结构表面应无湿渍；区间隧道、联络通道结构不应漏水；轨道道床面应无渗水。

4.5.6 桥梁侧边翼缘下沿应具有滴水槽、滴水檐或其他防止雨水流向混凝土侧面和地面的构造措施，桥面桥梁端部应有防止污水回流而污染支座和梁端表面的防水措施。

4.5.7 桥梁检测内容包括梁体竖向自振频率、梁体竖向挠度等，检测应分别符合表 4.5.7-1、表 4.5.7-2 的规定。

表 4.5.7-1　测试表 3—梁体竖向自振频率检测

项目名称	梁体竖向自振频率检测
测试目的	保证列车的运营安全和乘坐舒适,避免产生较大的振动或共振
测试内容与方法	1　检测内容:梁体的竖向自振频率。 2　检测方法:可采用环境微振动法或自由振动衰减法检测。 3　测点选取原则 　1)根据桥梁分布,每 10 km 正线选择常用跨度主型梁 2 孔~4 孔。 　2)特殊条件下桥梁动力性能测点选取原则: 　　(1)选择首次使用或改变使用条件的标准设计梁; 　　(2)选择新型结构、特殊结构、大跨度桥梁等; 　　(3)选择铺设新型或特殊轨道结构的桥梁; 　　(4)施工过程中出现重大缺陷或单位工程验收中异常的桥梁
测试结果	简支梁竖向自振频率不应低于以下规定的限值: **简支梁竖向自振频率限值** | 跨度(m) | 限值(Hz) | |---|---| | $L \leqslant 20$ | $80/L$ | | $20 < L \leqslant 128$ | $23.58 L^{-0.592}$ | 注:表中 L 为简支梁跨度(m)。 　　预应力混凝土连续梁、连续刚构、连续梁拱、钢箱系杆拱等特殊结构梁体竖向自振频率应符合设计要求

表 4.5.7-2　测试表 4—梁体竖向挠度检测

项目名称	梁体竖向挠度检测
测试目的	检测桥梁是否具有合理的刚度
测试内容与方法	1　检测内容:梁体的竖向挠度。 2　检测方法:可采用位移计法、光电成像法(CCD 图像法)或倾角仪法检测。 3　测点选取原则和数量:同梁体竖向自振频率检测
测试结果	梁体竖向挠度应符合相关设计规范的要求

4.5.8 隧道检测内容包括隧道车内瞬变压力、车内外压差、洞口微气压波和附属设施气动力检测,检测应符合表 4.5.8 的规定。

表 4.5.8 测试表 5—隧道车内瞬变压力、车内外压差、
洞口微气压波和附属设施气动力检测

项目名称	隧道车内瞬变压力、车内外压差、洞口微气压波和附属设施气动力检测
测试目的	分析隧道及车内外空气动力学效应是否符合设计要求
测试内容与方法	1 检测内容:隧道车内瞬变压力、车内外压差、洞口微气压波和附属设施气动力检测。 2 检测方法。 　1)隧道检测方法: 　　(1)在隧道各断面边墙拱顶位置安装气压传感器,测试气压首波变化曲线,分析隧道内影响微气压波的气压首波传递时的变化规律; 　　(2)在隧道出口不同距离位置安装微气压波传感器,测试微气压波变化曲线,分析洞口微气压波对周围环境的影响; 　　(3)选取单列车辆进行布点,车外测点选择司机室侧窗、头车车头变截面、导流槽、风挡、车体侧窗等气流变化较大部位以及车体中部气流随位置变化不大的区域,布置压力传感器;车内测点根据车型内部空间的分隔情况布置在不同的分隔空间内,测点离地板高约 1.4 m。 　2)隧道附属设施检测方法:在隧道内配电箱、指示灯、隧道灯、照明灯、集线盒、指示牌、水沟盖板、疏散平台、防护门、接触网构件等辅助设施上布置气压传感器,测试列车通过隧道以及在隧道内交会时辅助设施受到的气动压力变化曲线,分析气动压力变化对附属设施安全性的影响。 　3)隧道洞口建构(筑)物检测方法:建(构)筑物无特殊环境要求时,微气压波传感器应布置在洞口距建筑物最近处;建(构)筑物有特殊环境要求时,微气压波传感器应根据环境要求布置。 3 测点的选取原则。 　1)隧道选取原则: 　　(1)洞内或洞口有缓冲措施的独立隧道; 　　(2)非独立隧道洞口、风井、联络通道与车站连接段; 　　(3)洞口附近有建筑物的隧道; 　　(4)洞口附近有特殊环境要求的隧道。 　2)检测数量:正线选取有代表性的隧道(区间)1座~2座(段)。

续表4.5.8

测试内容与方法	4 隧道检测数据处理要求。 1) 微气压波和附属设施气动力的采样频率不宜小于1 000 Hz。 2) 车内瞬变压力和车内外压差检测内容采用车载测试设备监测,全线所有隧道进行测试,对隧道断面改变的典型隧道出具检测报告
测试结果	隧道动态检测指标应满足下列要求: 1 列车通过隧道时,车内瞬变压力应小于800 Pa/3 s,车内外压差应小于4 000 Pa。 2 附属设施气动力应满足设计要求。 3 隧道洞口微气压波应符合以下要求: | 建筑物至洞口距离	建筑物有无特殊环境要求	基准点	微气压波标准
---	---	---	---
<50 m	有	建筑物	按要求
	无		≤20 Pa
≥50 m	有	距洞口20 m处	<50 Pa	

4.6 车 辆

4.6.1 具有车辆超速保护、列车紧急制动距离、车门安全联锁、车门故障隔离、车门障碍物探测、列车联挂救援等功能的测试合格报告,测试应分别符合表4.6.1-1~表4.6.1-6的规定。

表4.6.1-1 测试表6—车辆超速保护测试

项目名称	车辆超速保护测试
测试目的	测试车辆自身超速保护功能是否符合设计要求
测试内容与方法	在具备以车辆设计最高运行速度安全行车条件的区段,切除列车自动防护(ATP),以人工驾驶模式行车,牵引手柄保持最大牵引位,使列车持续加速至车辆设计最高运行速度,记录列车速度、超速保护的程序和措施

续表4.6.1-1

测试结果	列车持续加速至车辆设计最高运行速度,当超过车辆设计最高运行速度时,应自动采取符合车辆设计超速保护的报警、牵引封锁和制动保护措施

表4.6.1-2 测试表7—列车紧急制动距离测试

项目名称	列车紧急制动距离测试
测试目的	测试列车在设计最高运行速度下的紧急制动距离是否符合设计要求
测试内容与方法	列车以人工驾驶模式在平直线路区段运行至设计最高运行速度时,列车驾驶员按下紧急制动按钮,至列车停止时,测量列车紧急制动距离
测试结果	列车紧急制动距离应符合设计要求

表4.6.1-3 测试表8—车门安全联锁测试

项目名称	车门安全联锁测试
测试目的	测试车门与列车牵引控制联锁功能是否符合设计要求
测试内容与方法	1 将阻挡块放在车门的两扇门叶之间,使车门不能完全锁闭,按列车关门按钮后,推主控制器手柄至牵引位,启动列车,观察列车状态。 2 列车在区间零速以上运行时,按开门按钮,观察客室车门状态
测试结果	1 列车主控制器手柄推至牵引位,列车仍无牵引力、不能启动。 2 列车在零速以上运行时,按开门按钮,客室车门不能打开

表4.6.1-4 测试表9—车门故障隔离测试

项目名称	车门故障隔离测试
测试目的	测试车门故障隔离功能是否符合设计要求
测试内容与方法	列车停靠站台,通过隔离装置专用钥匙对测试车门进行隔离后,按司机室开门按钮,观察全部车门状态;被测车门处于隔离状态时,操作紧急解锁装置后,记录是否能手动打开被测车门
测试结果	按司机室开门按钮,被隔离车门不能打开,其他车门打开;被测车门处于隔离状态时,操作紧急解锁装置后,仍无法手动打开被测车门

表 4.6.1-5 测试表 10—车门障碍物探测测试

项目名称	车门障碍物探测测试
测试目的	测试车门防夹和再关门功能是否符合设计要求
测试内容与方法	将测试块作为障碍物置于车门的两扇门叶之间,在列车发出关门指令后,记录开门次数及车门最终状态,并用压力测试仪记录关门压力
测试结果	被测车门按照设计要求自动循环打开和关闭数次后,车门保持打开状态,关门压力应满足设计要求

表 4.6.1-6 测试表 11—列车联挂救援测试

项目名称	列车联挂救援测试
测试目的	测试列车联挂救援功能是否符合设计要求
测试内容与方法	1 将模拟故障列车施加停放制动,降弓停放在线路上,另一列救援列车低速靠近模拟故障列车进行列车联挂。 2 完成联挂后,释放模拟故障列车停放制动,推救援列车牵引手柄牵引模拟故障列车至一定距离,记录列车联挂救援情况
测试结果	列车联挂救援功能应符合设计要求

4.6.2 各列车运行里程均应不少于 2 000 列公里。

4.6.3 具有蓄电池测试报告,蓄电池容量应满足列车失电情况下车载安全设备、应急照明、应急通风、广播及通信等系统规定工作时间内的用电要求。

4.6.4 车辆各电气设备金属外壳或箱体应采取保护性接地措施。

4.6.5 列车上非乘客使用的重要设备或设施应具有锁闭措施。客室地板防滑,客室结构和过道处、扶手等不应有可能造成乘客伤害的尖角或突出物。

4.6.6 列车车门防夹警示、车门防倚靠警示、紧急报警提示、车门紧急解锁操作提示、消防设备提示等安全标志齐全、醒目。列车车门配置辅助锁,应具备自动锁闭、自动释放功能。

4.7 电力及牵引供电

4.7.1 具有相邻电力主变电所支援供电、变电所 0.4 kV 低压备自投、牵引供电系统越区供电、接触网短路等功能的测试合格报告,测试应符合表 4.7.1-1～表 4.7.1-4 的规定。

表 4.7.1-1 测试表 12—相邻电力主变电所支援供电测试

项目名称	相邻电力主变电所支援供电测试
测试目的	测试电力主变电所支援供电能力是否符合设计要求
测试内容与方法	1 两座及两座以上电力主变电所的线路,对拟退出电力主变电所相关开关设备及继电保护作预定操作,使一座电力变电所退出运行且其母线系统正常。 2 操作环网联络开关由相邻电力主变电所支援供电,并记录测试区段供电情况
测试结果	电力主变电所支援供电的能力和功能应符合设计要求

表 4.7.1-2 测试表 13—变电所 0.4 kV 低压备自投测试

项目名称	变电所 0.4 kV 低压备自投测试
测试目的	测试变电所 0.4 kV 低压双电源自动切换功能是否符合设计要求
测试内容与方法	1 失电:任选一座车站降压变电所,在正常运行状态下,模拟Ⅰ段动力变压器的温控跳闸继电器动作,Ⅰ段动力变压器的 35 kV(或 10 kV)断路器跳闸失电,0.4 kV 的Ⅰ段进线断路器跳闸,0.4 kV 的Ⅰ段母线失电,同时 0.4 kV 母线三级负荷断路器自动分闸。 2 切换:经延时 2 s～3 s(延时依据设计要求确定)后,0.4 kV 母线联络断路器自动合闸,0.4 kV 的Ⅰ、Ⅱ段母线均通过Ⅱ段动力变压器供电。 3 恢复:合上Ⅰ段动力变压器的 35 kV(或 10 kV)断路器,Ⅰ段动力变压器送电,0.4 kV 母线联络断路器自动分闸,然后 0.4 kV 的Ⅰ段进线断路器合闸,0.4 kV 的Ⅰ段母线由Ⅰ段动力变压器供电,同时 0.4 kV 母线三级负荷断路器手动或自动合闸,系统恢复。 4 记录测试操作过程和相关电能参数

续表4.7.1-2

测试结果	备自投自动切换功能、切换过程的动作次序和时间以及电能参数、三级负荷回路的切除等应符合设计要求

表 4.7.1-3 测试表14—牵引供电系统越区供电测试

项目名称	牵引供电系统越区供电测试
测试目的	测试牵引供电系统越区供电能力是否符合设计要求
测试内容与方法	1 交流牵引供电系统：模拟一座牵引变电所解列，进行相邻牵引变电所倒闸操作，实现对解列牵引变电所越区供电；记录越区供电时的牵引供电系统运行参数。 2 直流牵引供电系统：模拟解列正线一座牵引变电所，进行左右相邻两座牵引变电所供电的倒闸操作，实现对解列牵引变电所供电区段进行大双边供电；记录大双边供电时的牵引电压和电流、走行轨对地电压等运行数据
测试结果	越区供电工况下，牵引供电系统性能参数应符合设计要求

表 4.7.1-4 测试表15—接触网短路测试

项目名称	接触网短路测试
测试目的	测试接触网短路状态下牵引供电系统的性能和参数
测试内容与方法	1 测试接触网短路状态下的变电所接触网短路电压、电流参数，分析短路点接触网阻抗，记录保护启动时序。 2 全线至少选取1处被测供电区段进行接触网短路测试，接触网短路试验点宜设于供电臂末端位置
测试结果	牵引变电所故障点标定装置测距误差不应大于500 m，继电保护装置功能应符合设计文件要求及相关技术标准的规定

4.7.2 供电远动系统应具备遥控、遥信和遥测使用功能。

4.7.3 电力主变电所、降压变电所、牵引变电所、分区所、开闭所接地标志和安全标志齐全清晰，安全工具试验合格、配置齐全、放置到位；变电所内、外设备间应整洁，电缆沟和隐蔽工程内无杂物和积水。电缆孔洞应封堵，设备房应安装防鼠板。

4.8 通信及信息系统

4.8.1 具有车地无线通话、本线及跨线列车到站自动广播和到发时间显示、与主时钟系统接口通信、换乘站基本通信等功能的测试合格报告,测试应分别符合表 4.8.1-1～表 4.8.1-4 的规定。

表 4.8.1-1 测试表 16—车地无线通话测试

项目名称	车地无线通话测试
测试目的	测试车地无线通话功能是否符合设计要求
测试内容与方法	1 调度中心行车调度员通过单呼、组呼、紧急呼叫等方式与列车驾驶员建立通话,并记录通话情况。 2 车辆基地信号楼和运转室调度员与车场内列车驾驶员建立通话;站站值班员经调度中心同意与正线列车驾驶员建立通话,并记录通话情况
测试结果	车地无线通话的接通时间和通话质量应符合设计要求

表 4.8.1-2 测试表 17—本线及跨线列车到站自动广播
和到发时间显示测试

项目名称	本线及跨线列车到站自动广播和到发时间显示测试
测试目的	测试车站广播及乘客信息系统功能是否符合设计要求
测试内容与方法	1 在站台区域测试并记录本线及跨线上、下行进站列车到站自动广播时间和内容,并记录所在区域的乘客信息显示屏上播出的列车到站信息的时间和内容。 2 在车站区域测试跨线列车时刻表信息内容
测试结果	1 本线及跨线列车即将进站前,车站自动广播列车到站信息,车站乘客信息显示屏上显示列车进站信息,出站后显示下次列车到站时间。 2 在车站区域显示跨线列车时刻表信息内容

表 4.8.1-3 测试表 18—与主时钟系统接口通信测试

项目名称	与主时钟系统接口通信测试
测试目的	测试各系统与主时钟系统接口通信功能是否符合设计要求

续表4.8.1-3

测试内容与方法	1 检查通信各子系统、信号系统、环境与设备监控系统或综合监控系统、客票系统的服务器,记录其显示的日期和时间是否与主时钟服务器保持一致。 2 将主时钟服务器上的日期和时间设置成比当前时间晚1天1小时10分钟,记录被测系统时间与主时钟时间差。 3 断开主时钟服务器的网络连接,记录被测系统的时间。 4 重新恢复主时钟服务器的网络连接,记录被测系统更新后的时间与主时钟时间差
测试结果	1 通信各子系统、信号系统、环境与设备监控系统或综合监控系统、客票系统的服务器的日期和时间与主时钟服务器保持一致。 2 当主时钟服务器上的时间和日期设置成比当前时间晚1天1小时10分钟,被测系统工作站和服务器自动更新为与主时钟时间同步,误差范围符合设计要求。 3 断开主时钟服务器的网络连接后,被测系统服务器上的日期和时间继续保持正常,功能实现符合设计要求。 4 重新恢复主时钟系统的网络连接后,被测系统的服务器更新为与主时钟时间同步,误差范围符合设计要求

表 4.8.1-4　测试表 19—换乘站基本通信测试

项目名称	换乘站基本通信测试
测试目的	测试换乘站视频、电话、广播以及旅客服务信息发布功能是否符合设计要求
测试内容与方法	1 对换乘站换乘区域视频图像调看功能进行测试。 2 对换乘站换乘区域广播和事故工况广播指令的互送功能进行测试。 3 对换乘站换乘区域旅客服务信息发布功能以及事故工况下信息互送功能(对方线路显示屏上显示功能)进行测试。 4 对换乘站不同线路车控室间值班员建立通话进行测试
测试结果	换乘站换乘区域视频图像调看、广播、旅客服务信息发布以及不同线路车控室间值班员的通话应符合设计要求

4.8.2　客票系统应符合下列规定:

1　正常情况下售票(含窗口和自动售票)、退票、更新、补票、自动检票验票等功能正确。

2 具有客票系统压力、跨站（线）走票功能、终端设备金属外壳漏电保护和可靠接地，以及检票系统与火灾自动报警系统联动等测试合格报告。

3 车站公共区客票终端设备的布置应符合乘客进、出站流线，客流不宜交叉；当检修采用后开门形式时，自动售票机离墙装饰面的空间应满足维修需要。

4 每组进、出站检票机群均应有不少于 2 个通道具备使用条件。每个车站进出站至少有 1 个宽通道具备使用条件。

5 旅客使用专用票卡、公共交通卡、电子车票方式通行应符合设计要求，与外部支付系统之间能够进行安全、准确的账务结算。

4.8.3 综合视频监控系统应满足对轨行区人防门、防淹门状态监视的要求。

4.9 信号系统

4.9.1 应完成信号系统各子系统之间、信号系统与关联系统的系统调试及联调联试，具有完整的信号系统验收和联调联试合格报告。列车安全防护、列车追踪安全防护、列车退行安全防护、车站扣车和跳停等测试应分别符合表 4.9.1-1～表 4.9.1-4 的规定。

表 4.9.1-1 测试表 20—列车安全防护测试

项目名称	列车安全防护测试
测试目的	测试列车正常行车、模式转换、临时限速、自动过分相、引导作业、调车作业、故障处理、设备冗余、大号码道岔、区间占用逻辑检查功能和互联互通等运营场景的功能是否符合设计要求
测试内容与方法	1　CTCS 制式列车正常行车、模式转换、临时限速、自动过分相、引导作业、调车作业、故障处理、设备冗余、大号码道岔、区间占用逻辑检查功能等运营场景的功能测试。选取测试案例，编制测试序列，在实车运行条件下记录运行数据。具体内容测试如下：

续表4.9.1-1

测试内容与方法	1) 正常行车:通过排列试验进路,车辆正常行车条件下测试、检查和验证地面应答器的链接关系,无源应答器报文数据及列控中心控制有源应答器发送报文数据,应答器报文描述的数据与实际信号数据的一致性,机车信号码序,车载设备通过应答器报文对载频进行切换与锁定等功能。 2) 模式转换:列控车载设备根据不同的地面信息条件,可实现不同模式之间的转换,通过测试列控车载设备不同模式之间的转换条件、转换时机和速度监督等,验证地面系统提供控车信息的正确性。 3) 临时限速:验证列控系统通过临时限速服务器和列控中心实现临时限速的功能,限速区域包括站内侧线股道、咽喉区、离去区段和区间,验证正线、侧线临时限速的预告功能。 4) 自动过分相:对地面发送自动过分相应答器报文的功能和发送逻辑等进行测试、检查和验证。 5) 引导作业:通过测试列控车载设备引导接车与引导发车功能,验证地面信号办理引导接车进路与发车进路功能。通过列控车载设备的控车功能验证引导接车时越过进站信号机过程中地面码序和进站口应答器报文。 6) 调车作业:验证地面应答器提供调车危险控制信息的正确性。 7) 故障处理:列车在不同模式下运行,轨道电路信息由HU码转换为无码,列车输出紧急制动。轨道电路信息由允许码转为无码,列车输出常用制动。 8) 设备冗余:通过人工切换列控设备主备机,验证列控设备主备机切换功能是否正常。 9) 大号码道岔:TCC开始发送大号码道岔数据包后,如检测到不具备发送大号码道岔数据包条件时,TCC应立刻停止发送大号码道岔数据包,同时向计算机联锁设备发送相应进路进站信号降级命令,原发送"黄黄闪"码区段应停止发送"黄黄闪"码。 10) 区间占用逻辑检查功能:验证TCC区间占用逻辑检查功能是否正常;通过CTC系统验证闭塞分区确认无车占用和区间逻辑状态总解锁功能。 2 CTCS制式互联互通测试包含不同车型互联互通测试和与衔接线路互联互通测试。 　　1) 不同车型互联互通测试:测试不同型号的列控车载设备在控车模式及模式转换、行车许可、临时限速及等级转换等运营场景下的兼容性。

续表4.9.1-1

测试内容与方法	2) 与衔接线路互联互通测试:控车模式及模式转换,级间转换,正线、侧线接发车及通过,临时限速等运营场景测试。选取测试案例,编制测试序列,在实车运行条件下,记录运行数据。 3 ATC制式测试按照《城市轨道交通初期运营前安全评估技术规范 第1部分:地铁和轻轨》(交办运〔2019〕17号)表14列车超速安全防护测试的内容与方法进行
测试结果	1 CTCS制式列车正常行车、模式转换、临时限速、自动过分相、引导作业、调车作业、故障处理、设备冗余、大号码道岔、区间占用逻辑检查功能、互联互通等运营场景的功能应符合设计要求。 2 CTCS制式应满足不同型号的列控车载设备在控车模式及模式转换、行车许可、临时限速及等级转换等运营场景下的兼容;应满足衔接线路控车模式及模式转换,级间转换,正线、侧线接发车及通过,临时限速等运营场景。 3 ATC制式应符合《城市轨道交通初期运营前安全评估技术规范 第1部分:地铁和轻轨》(交办运〔2019〕17号)表14列车超速安全防护测试的结果

表4.9.1-2 测试表21—列车追踪安全防护测试

项目名称	列车追踪安全防护测试
测试目的	在列车ATP防护模式下,测试追踪运行安全间隔防护是否符合设计要求
测试内容与方法	1 选取部分区间,前行列车运行,后续列车以列车自动驾驶(ATO)模式紧密追踪前行列车运行。 2 前行列车分别采取几种速度运行或在区间停车,记录后续列车运行情况
测试结果	后续列车紧跟前行列车正常行车,后续列车依据前行列车距离和速度变化,自动调整追踪速度和保持追踪安全距离,安全距离应符合设计要求

表4.9.1-3 测试表22—列车退行安全防护测试

项目名称	列车退行安全防护测试
测试目的	测试列车以ATP防护模式退行安全防护是否符合设计要求

续表4.9.1-3

测试内容与方法	1 以ATP防护模式人工驾驶列车进站,并驾驶列车越过站台对位停车点停车(实际越过停车点的距离应小于设计最大允许越过距离),然后转为后退驾驶模式启动列车,以退行速度小于设计最大允许退行速度回退车,回退过程中记录触发列车紧急制动时的回退距离。 2 继续以ATP防护模式人工驾驶列车进入下一站。列车驾驶员驾驶列车越过站台对位停车点停车(实际越过停车点的距离小于设计最大允许越过距离)后,转为后退驾驶模式启动列车,以退行速度超过设计最大允许退行速度回退行车,回退过程中记录触发紧急制动时的退行速度。 3 继续以ATP防护模式人工驾驶列车进入下一站。列车驾驶员驾驶列车越过站台对位停车点,持续行车至设计最大允许越过距离,记录车载ATP反应情况和有关提示信息
测试结果	当列车越过站台停车点(实际越过停车点的距离小于设计最大允许越过距离)停车后,列车在退行过程中车载ATP触发紧急制动时的回退距离或回退速度应符合设计要求;当列车越过站台停车点至设计最大允许越过距离时,车载ATP反应情况及提示信息应符合设计要求

表4.9.1-4 测试表23—车站扣车和跳停测试

项目名称	车站扣车和跳停测试
测试目的	测试行车指挥系统扣车和跳停功能是否符合设计要求
测试内容与方法	列车以ATO或ATP防护模式运行至车站停车并设置扣车,停站时间结束,记录出站进路触发和列车启动情况;取消扣车,并对下一站设置跳停,记录列车在下一站跳停和进路触发情况
测试结果	列车被扣车站后,自动出站进路不能触发,列车不发车;取消扣车后,列车在跳停车站不停车通过

4.9.2 定向锁闭道岔的表示信息应纳入联锁检查。

4.10 综合监控系统

4.10.1 应完成综合监控系统在调度中心级功能、车站级功能和互联系统功能的测试,具有完整的综合监控系统验收合格报告。综合监控系统功能测试应符合表4.10.1的规定。

表4.10.1 测试表24—综合监控系统功能测试

项目名称	综合监控系统功能测试
测试目的	测试综合监控系统的调度中心级功能、车站级功能和互联系统功能是否符合设计要求
测试内容与方法	1 调度中心级功能测试 　1）通过综合监控系统工作站对综合监控系统的报警功能进行抽样测试； 　2）通过综合监控系统工作站对综合监控系统设备联动进行测试。 2 车站级功能测试 　1）通过综合监控系统工作站对综合监控系统的报警功能进行抽样测试； 　2）通过综合监控系统工作站对综合监控系统设备联动进行测试； 　3）对车站综合后备控制盘(IBP)进行测试。 3 互联系统的功能测试 　1）通过综合监控系统工作站对综合监控系统互联火灾自动报警系统进行测试； 　2）通过综合监控系统工作站对综合监控系统互联信号系统进行测试； 　3）通过综合监控系统工作站对综合监控系统互联站台门进行测试； 　4）通过综合监控系统工作站对综合监控系统互联防淹门/人防门进行测试
测试结果	综合监控系统的调度中心级功能、车站级功能和互联系统功能应符合设计要求

4.11 通风及空调系统

4.11.1 具有通风换气和空气环境控制功能、排烟系统排烟量、隧道内纵向事故通风风速、楼梯间加压送风系统余压等测试合格报告。

4.11.2 车站控制室和调度中心应具备通风与空调设备状态信息显示和故障报警功能。

4.11.3 应完成冷却塔、多联空调的室外机地面硬化，相关排水管路应接入市政排水系统,冷却塔或室外机周边具有安全防护栏;空调送风口、空调冷凝水管不应设置在电器设备上方,无法避免时应具有防护措施;空调柜检修门不应有影响检修的水管、支架、结构柱等遮挡。

4.11.4 风管支吊架应完成防锈、防腐处理;风道内影响设备正常运行的裸露进风口、排风口以及大型风机的进、出风端应设置防鼠网或防护网;应完成通风管路及风道内的杂物清理及卫生清扫。

4.12 消防与给排水

4.12.1 具有给水系统各用水点的水量和水压、消火栓及自动喷水灭火系统流量及压力、自动灭火系统运行、区间消火栓系统电动阀远程控制、区间水泵安全运行等测试合格报告。区间水泵安全运行测试应符合表4.12.1的规定。

表4.12.1 测试表25—区间水泵安全运行测试

项目名称	区间水泵安全运行测试
测试目的	测试区间水泵远程监控、启(停)泵水位报警功能是否符合设计要求
测试内容与方法	模拟低水位报警、中水位启泵、高水位报警,记录现场水泵运行状况和环境与设备监控系统显示状态是否一致
测试结果	区间水泵低水位报警、中水位启泵、高水位报警功能正常;环境与设备监控系统显示的水泵状态和现场水泵启/停状况一致;远程控制功能正常

4.12.2 排水系统应提供满足设计要求的可靠排水设施,并满足排放条件。

4.12.3 车站自动扶梯集水井盖板、出入口与站厅连接处的横截沟盖板安装牢靠并具有检查记录。

4.12.4 管线穿越地下室或地下构筑物的外墙处,应设置可靠的防水措施,完成双向封堵。

4.12.5 应完成车站、车辆基地、调度中心、区间泵房、风亭等场所的各类集水池杂物清理。

4.12.6 消防设备和消防器材应按设计配置齐全。

4.12.7 保温措施应充分有效,以防止消防、给排水系统冬季冻结。

4.13 车站机械设备

4.13.1 自动扶梯、自动人行道应具有语音安全和逆行提示功能;电梯应具有语音安全、视频监视和门防夹保护功能;电梯的车站控制室、轿厢、控制柜之间应具备三方通话功能;自动扶梯应具备远程监视功能。

4.13.2 自动扶梯与楼梯板交叉或自动扶梯交叉设置时,扶手带上方应设置防护挡板;当自动扶梯扶手带转向端入口处与地板形成的空间内加装语音提示或其他装置时,不应形成可能夹卡乘客的三角空间;自动扶梯紧急停止按钮应具有防误操作的保护措施。

4.13.3 自动扶梯下部机坑内不应有影响自动扶梯安全运行的积水;电梯底坑内排水设施应具备使用条件,不应有影响电梯安全运行的漏水和渗水;应完成井道、巷道内杂物和易燃物的清理。

4.13.4 电梯、自动扶梯与自动人行道使用标志、安全标志、安全须知和安全检验合格证应齐全醒目。

4.13.5 具有站台门后备电源、安全玻璃性能,以及站台门控制系统与信号系统的接口、站台门乘客保护、站台门结构强度等测试合格报告。站台门乘客保护测试应符合表4.13.5的规定。

表 4.13.5 测试表 26—站台门乘客保护测试

项目名称	站台门乘客保护测试
测试目的	测试站台门安全防护对乘客的保护是否符合设计要求
测试内容与方法	1 障碍物探测测试：选择车站一侧站台门，操作站台门端头控制盘，打开和关闭整侧滑动门3次，确认滑动门能正常打开和关闭；选择其中一档滑动门，操作门头就地控制盒打开滑动门后，将 40 mm×40 mm×5 mm 的标准试块分别放在上、中、下等离地高度来阻挡滑动门，操作门头上的就地控制盒关闭该滑动门，记录滑动门报警和动作情况。 2 防夹保护测试：选择车站一侧站台门的一档滑动门，操作门头上的就地控制盒将滑动门打开后，将测力计置于被测滑动门之间，测力点位于其行程的约1/3位置处（即滑动门的匀速运动区段），然后关闭滑动门，在滑动门遇到测力计打开后，及时记录测力计最大读数（即为滑动门对乘客的最大作用力），测试至少重复3次。 3 测量并记录车站站台门与列车停靠站台时的车体最宽处的间隙。 4 防踏空保护测试：选择车站一侧站台门，并将列车在车站对标停车；打开站台门和列车车门，测量并记录站台边缘（或防踏空胶条边缘）与车厢地板面高度处车辆轮廓线的水平间隙
测试结果	1 滑动门探测到障碍物后应释放关门力，滑动门自动弹开，等待障碍物移除后（等待时间预先设定且可调）重新关门；在达到设定次数（一般为3次）后，如仍不能关闭和锁紧，则滑动门全开并报警。 2 滑动门对乘客的最大作用力不大于 150 N。 3 直线站台的站台门，其滑动门门体与车体最宽处的间隙：当车辆采用塞拉门时，不大于 130 mm；当采用内藏门或外挂门时，不大于 100 mm。 4 直线车站站台边缘（或防踏空胶条边缘）与车厢地板面高度处车辆轮廓线的水平间隙不应大于 100 mm；曲线车站站台边缘（或防踏空胶条边缘）与车厢地板面高度处车辆轮廓线的水平间隙不应大于 180 mm

4.13.6 车站控制室具有站台门运行状态、故障信息显示和报警功能。

4.13.7 应急门、端门应能向站台侧旋转 90°平开，打开过程应顺畅，不受地面及其他障碍物（含盲道）的影响。

4.13.8 站台门安全标志、使用标志和应急操作指示应齐全醒目,越行站台列车与站台门间隙应设置安全警示标志。

4.14 车辆基地

4.14.1 具备车辆基地运用、检修等生产设施设备验收合格报告,设施设备配备和功能应满足运营需要;内燃机车和工程车等特种车辆,架车机、不落轮镟床和洗车机等设备的配置数量与功能状况应满足运营需要。

4.14.2 库线供电隔离启闭设备、有无电显示设施、出入库列位外声光警示设施、检修作业平台安全保护分区和安全防护设施应具备使用条件。

4.14.3 车辆基地周界应有围蔽设施并满足封闭管理要求,周界报警系统具备使用条件;车辆基地应有不少于2个具备使用条件并与外界道路相通的出入口。

4.14.4 预留上盖开发条件的车辆基地,轨行区柱网布置应满足轨旁设备检修维护空间要求,上盖开孔四周应具有防抛措施。

4.14.5 车辆基地内雨水排放系统、生产和生活给排水系统应满足正常使用条件。

4.14.6 备品备件、设备、材料、抢修、救援器材和劳保用品应到位并满足初期运营需要。物资仓库、易燃物品库等建筑建成并具备使用条件,易燃物品库应独立设置,并按存放物品的不同性质分库设置。

4.14.7 车辆基地安全标志应齐全、醒目,道路、平交道口、站场线路、试车线等应设有安全隔离、限高等设施和安全警示标志。

4.14.8 车辆基地内生产、生活、办公用房的布置、装修、通道、功能状态应具备使用条件,满足运营需要。

4.15 调度中心

4.15.1 调度中心的调度和信息管理设施布局、功能运行、人机界面等应符合设计要求,并满足运营需要。

4.15.2 调度中心与其他建筑合建时,调度中心应具有独立的进出口通道,调度中心用房具备独立性和安全性。

4.15.3 室内装修与照明综合效果不应在调度中心显示屏上产生眩光。

4.15.4 后续新建线路的各调度系统应能可靠接入调度中心,且不应影响既有调度系统的运营安全。

5 系统联动测试

5.1 一般规定

5.1.1 系统联动测试项目主要包括轮轨关系、弓网关系、信号防护、防灾联动、噪声、电磁环境、接地性能等测试。

5.1.2 系统联动测试的具体测试内容应结合工程实际合理确定。

5.1.3 安全评估中各项系统联动测试所需的测试列车和设备应建立台账；对于大型、复杂、精密的测试设备，应编制操作规程。

5.1.4 测试列车和设备应在启用前进行首次检定/校准。测试设备的检定/校准周期应按计量器具检定管理规定执行。

5.2 轮轨关系

5.2.1 轮轨关系测试包括轨道动态几何状态、车辆动力学响应—运行稳定性、车辆动力学响应—运行平稳性、轨道综合刚度及轨道结构动力学测试。

5.2.2 轨道动态几何状态测试应符合表5.2.2的规定。

表5.2.2 测试表27—轨道动态几何状态测试

项目名称	轨道动态几何状态测试
测试目的	测试轨道动态几何状态参数是否符合设计要求
测试内容与方法	1 采用测试列车在正线上进行测试，检测系统的技术指标应符合《轨道检查车》GB/T 25021及其他检测系统标准的规定；轨道动态几何状态检测应进行等速检测。

续表5.2.2

测试内容与方法	2 采集测量并记录1.5 m~42 m波长范围高低与轨向、轨距、轨距变化率、水平、三角坑、车体垂向加速度、车体横向加速度等轨道动态几何状态参数,分别采用局部幅值和区段质量(均值)进行评价
测试结果	1 局部幅值评价结果符合下列规定: **轨道动态几何状态评价允许值** 	轨道动态几何状态参数		评价允许值
---	---	---
高低(mm)	波长1.5 m~42 m	6
轨向(mm)	波长1.5 m~42 m	5
轨距(mm)		+6 −4
轨距变化率(‰) (基长3.0m)		1.2
水平(mm)		6
三角坑(mm) (基长3.0m)		5
车体垂向加速度(m/s^2)		1.0
车体横向加速度(m/s^2)		0.6 | 2 钢轨不平顺质量指数(TQI),按每200 m为一个TQI评价单元,被测线路中各评价单元的TQI无Ⅱ级偏差,且出现Ⅰ级偏差的单元个数不超过被测线路评价单元总数的5%为"合格"。区段质量(均值)评价结果符合下列规定: **轨道不平顺质量指数(TQI)允许值** | 波长(m)	TQI(mm)	
---	---	---
	Ⅰ	Ⅱ
1.5~42	6	8	 注:轨道不平顺质量指数(TQI)计算方法见本标准附录B

5.2.3 车辆动力学响应—运行安全性测试、车辆动力学响应—运行平稳性测试应分别符合表5.2.3-1、表5.2.3-2的规定。

表 5.2.3-1　测试表 28—车辆动力学响应—运行安全性测试

项目名称	车辆动力学响应—运行安全性测试
测试目的	测试轨道状态和车辆运行状态的匹配性，评价是否符合车辆安全性的要求
测试内容与方法	1　采用测试列车在正线上进行测试。 2　采用测力轮对测试全线轮轨力数据，采集测量并计算脱轨系数、轮重减载率和轮轴横向力等车辆运行安全性特征参数。 3　对脱轨系数、轮重减载率和轮轴横向力等车辆运行安全性特征参数是否符合设计要求进行评价
测试结果	脱轨系数、轮重减载率和轮轴横向力等参数应符合下列评判标准： **有关安全性特征参数评判标准** | 项目	评判标准
脱轨系数 Q/P	$Q/P<0.8$
轮重减载率 $\Delta P/\overline{P}$	$\Delta P/\overline{P} \leqslant 0.6$
轮轴横向力 H(kN)	$H \leqslant 10+P_0/3$ | 注：Q 为轮轨横向力(kN)；P 为轮轨垂向力(kN)；$\overline{P}$ 为平均静轮重(kN)；P_0 为静轴重(kN)；ΔP 为轮轨垂向力相对平均静轮重的减载量(kN)；H 为轮轴横向力(kN)

表 5.2.3-2　测试表 29—车辆动力学响应—运行平稳性测试

项目名称	车辆动力学响应—运行平稳性测试
测试目的	测试轨道状态和车辆运行状态的匹配性，评价是否符合乘车平稳性的要求
测试内容与方法	1　采用测试列车在正线上进行测试。 2　车体垂向、横向加速度传感器安装在转向架中心位置正上方距其左侧或右侧 1 000 mm 位置的车体地板面上，采集车体垂向、横向加速度数据，测试并计算车辆运行平稳性指标(计算方法见本标准附录 B)。标准测量时间长度为 5 s，每 5 s 为一分析段；曲线和道岔等不足 5 s 的，测量时间为实际测量时间。 3　对车辆运行平稳性指标是否符合设计要求进行评价
测试结果	车辆运行平稳性指标应小于 2.5

5.2.4 列车在平面曲线上运行时的未被平衡横向加速度应符合下列规定：

1 正常情况下，未被平衡横向加速度不大于 $0.4\ m/s^2$。

2 瞬间情况下，允许短时出现未被平衡横向加速度为 $0.5\ m/s^2$。

3 在车站正线上，未被平衡横向加速度不大于 $0.3\ m/s^2$。

5.2.5 列车纵向冲击率应不大于 $0.75\ m/s^3$。

5.2.6 轨道综合刚度测试应符合表 5.2.6 的规定。

表 5.2.6 测试表 30—轨道综合刚度测试

项目名称	轨道综合刚度测试
测试目的	测试轨道综合刚度是否符合设计要求
测试内容与方法	1 采用装有液压加载系统、刚度检测系统的移动式设备在正线上进行测试。 2 测试加载前后钢轨垂向位移差，计算轨道综合刚度。 3 测试加载前后轨距，计算加载前后轨距变化量，评价扣件状态。 4 测试轨枕和轨道板垂向位移、轨道板与底座间垂向相对位移等，计算轨道部件的刚度。 5 测点选取原则：正线部分典型轨道结构和特殊轨道结构区段，包括典型有砟无砟轨道过渡段、路基桥梁过渡段、路基隧道过渡段和特殊结构过渡段，定点加载测点结合轨道结构动力学性能测点选取
测试结果	轨道综合刚度应符合设计要求

5.2.7 轨道结构动力学检测项目包括钢轨横向位移、钢轨垂向位移、轨道板（轨枕）与基底（底座）间垂向相对位移、钢轨振动加速度和轨道板振动加速度等，检测应符合表 5.2.7 的规定。

表 5.2.7 测试表 31—轨道结构动力学检测

项目名称	轨道结构动力学检测
测试目的	测试轨道结构动力学是否符合设计要求
测试内容与方法	正线每种轨道类型选取典型测点 1 处～2 处进行检测，对于特殊结构或轨道动态几何状态和车辆动力响应异常区段应根据需要增加测点

续表 5.2.7

测试结果	1 轨道结构动力性能指标符合下列规定： **轨道结构动力性能评判标准**	

检测项目	普通轨道	减振轨道
钢轨横向位移(mm)	2.0	2.5
钢轨垂向位移(mm)	2.0	4.0
轨道板(轨枕)垂向位移(mm)	0.2/0.4	3.0
钢轨振动加速度(m/s^2)	2 000	3 000
轨道板振动加速度(m/s^2)	100	200

测试结果	2 未具体规定检测指标的参数应符合设计要求及相关技术标准的规定。 3 轨道结构动力性能检测应结合轨道动态几何状态和车辆动力学响应对轨道结构做出验收评价

5.3 弓网关系

5.3.1 弓网关系测试包括接触网动态几何参数、弓网燃弧指标、弓网动态接触力、受电弓垂向加速度(硬点)和自动过分相测试。

5.3.2 接触网动态几何参数测试应符合表 5.3.2 的规定。

表 5.3.2 测试表 32—接触网动态几何参数测试

项目名称	接触网动态几何参数测试
测试目的	测试接触网动态几何参数是否符合设计要求
测试内容与方法	1 在测试列车上安装接触网几何参数检测装置，在正线上对接触网动态几何参数进行测试。 2 测量接触线导高、拉出值、定位点间高差和接触线动态抬升量 3 对接触线导高、拉出值、定位点处接触线动态抬升量和定位点间高差是否满足设计要求进行评价

续表5.3.2

测试结果	1 接触线导高 D(mm):设计值$-100 \leqslant D \leqslant$设计值$+150$。 2 接触线拉出值 a(mm):<500。 3 定位点处接触线动态抬升量 ΔD(mm):$\leqslant 120$。 4 一跨内定位点间高差 Δh(mm):<150

5.3.3 弓网燃弧指标测试应符合表5.3.3的规定。

表5.3.3 测试表33—弓网燃弧指标测试

项目名称	弓网燃弧指标测试
测试目的	测试弓网受流性能—燃弧指标是否符合设计要求
测试内容与方法	1 在测试列车受电弓上安装燃弧探测器,在正线上对弓网燃弧进行测试。 2 测试记录燃弧发生位置、燃弧次数和一次燃弧时间,统计分析燃弧时间和燃弧率。 3 对弓网燃弧次数、一次最大燃弧时间和燃弧率等弓网燃弧指标是否符合设计要求进行评价
测试结果	1 燃弧次数 n:<1次$/160$ m。 2 一次最大燃弧时间 T_{max}(ms):<100 ms。 3 燃弧率 μ(计算方法见本标准附录B):$<5\%$

5.3.4 弓网动态接触力测试应符合表5.3.4的规定。

表5.3.4 测试表34—弓网动态接触力测试

项目名称	弓网动态接触力测试
测试目的	测试弓网受流性能—弓网动态接触力指标是否符合设计要求
测试内容与方法	1 在测试列车的测试受电弓弓头上安装测力传感器,在正线上对弓网动态接触力进行测试。 2 测试弓网动态接触力数据,计算每跨内的弓网动态平均最大接触力、平均最小接触力和接触力标准偏差。 3 对弓网动态平均最大接触力、平均最小接触力和接触力标准偏差是否符合设计要求进行评价
测试结果	1 平均最大接触力 $F_{m,max}$(N):$\leqslant 0.00047 \cdot V^2 + 90$。 2 平均最小接触力 $F_{m,min}$(N):$\geqslant 0.00047 \cdot V^2 + 60$。 3 接触力标准偏差 σ(N):$\leqslant 0.3 F_m$

5.3.5 受电弓垂向加速度(硬点)测试应符合表5.3.5的规定。

表5.3.5 测试表35—受电弓垂向加速度(硬点)测试

项目名称	受电弓垂向加速度(硬点)测试
测试目的	测试接触线平顺性是否符合设计要求
测试内容与方法	1 在测试列车的受电弓上安装垂向加速度传感器,在正线上对受电弓垂向加速度(硬点)进行测试。 2 测试和记录受电弓运行过程中的垂向加速度数据。 3 对受电弓垂向加速度是否符合设计要求进行评价
测试结果	受电弓垂向加速度(硬点)$A(m/s^2)$:<490

5.3.6 自动过分相测试应符合表5.3.6的规定。

表5.3.6 测试表36—自动过分相测试

项目名称	自动过分相测试
测试目的	测试列车自动过分相功能是否符合设计要求
测试内容与方法	1 列车在ATP防护模式下,自动运行通过分相区,检测全部过分相,上下行、正反向各一个往返,记录过分相提示功能、主断路器动作状态、断电和合电的里程位置和速度值、过分相的时长情况。 2 磁感应器控制方式下,自动运行通过分相区,检测全部过分相,上下行、正反向各一个往返,记录过分相提示功能、主断路器动作状态、断电和合电的里程位置和速度值、过分相的时长情况
测试结果	1 列车在分相区前应自动提示。 2 列车进入分相区前,主断路器能自动分闸,分闸时位置应在断电标前。 3 列车出分相区后,主断路器能自动合闸,合闸时位置应在合电标前

5.4 信号防护

5.4.1 信号防护测试包括列车车门安全防护、站台紧急关闭按钮安全防护、站台门安全防护、车门与站台门联动和列车折返能力测试。

5.4.2 列车车门安全防护测试应符合表 5.4.2 的规定。

表 5.4.2　测试表 37—列车车门安全防护测试

项目名称	列车车门安全防护测试
测试目的	测试列车以 ATP 防护模式行车过程中,客室车门的安全防护是否符合设计要求
测试内容与方法	1　列车以 ATP 防护模式行车,出站过程中但未完全离开站台区域时,激活客室内的"车门紧急解锁装置",车辆配合人员通过拉力测试工具手动拉开车门,记录列车运行情况和车门拉开时的拉力值。 2　恢复"车门紧急解锁装置",列车已出站并进入区间运行,再次激活客室内的"车门紧急解锁装置",车辆配合人员打开车门,记录列车运行情况
测试结果	列车在车站区域、区间区域运行时,激活客室"车门紧急解锁装置",打开列车车门,列车运行情况和车门拉开的拉力值应符合设计要求

5.4.3 站台紧急关闭按钮安全防护测试应符合表 5.4.3 的规定。

表 5.4.3　测试表 38—站台紧急关闭按钮安全防护测试

项目名称	站台紧急关闭按钮安全防护测试
测试目的	测试站台对列车运行安全防护的功能是否符合设计要求
测试内容与方法	1　列车运行接近车站但未到达车站站台安全防护区域前,触发站台紧急关闭按钮,记录列车进入站台区域情况。 2　列车在进站(已在车站站台安全防护区域内)过程中,触发站台紧急关闭按钮,记录列车触发紧急制动情况。 3　列车停在站台区域,触发站台紧急关闭按钮后,启动列车,记录列车启动离站情况。 4　列车出站(仍在车站站台安全防护区域内)时,触发站台紧急关闭按钮,记录列车触发紧急制动情况
测试结果	列车接近进站前、进站中、停靠、出站时等不同情形下触发站台紧急关闭按钮,站台紧急关闭按钮安全防护和列车运行情况应符合设计要求

5.4.4 站台门安全防护测试应符合表5.4.4的规定。

表5.4.4 测试表39—站台门安全防护测试

项目名称	站台门安全防护测试
测试目的	列车在ATP防护模式下,测试站台门对列车安全防护的功能是否符合设计要求
测试内容与方法	1 列车以ATP防护模式行车。 2 列车在进站或出站(进站和出站均在车站站台门安全防护区域内)过程中,站台门打开,记录列车触发紧急制动情况。 3 列车停在站台区域,打开站台门,记录列车启动离站情况
测试结果	列车在进站或出站过程中,站台门打开,列车应施加常用或紧急制动;列车停在站台区域,打开站台门,列车无速度码,不能启动离站

5.4.5 车门与站台门联动测试应符合表5.4.5的规定。

表5.4.5 测试表40—车门与站台门联动测试

项目名称	车门与站台门联动测试
测试目的	测试车门与站台门联动功能和开关门同步性是否符合设计要求
测试内容与方法	1 车到站对标停车后,列车驾驶员打开车门,观察车门与站台门的动作情况,记录列车车门和站台门打开过程的联动情况、两门启动打开的时间差,判断列车车门和站台门打开的动作协同情况。 2 列车离站前,列车驾驶员关闭车门,观察列车车门与站台门的动作情况,记录列车车门和站台门关闭过程的联动情况、两门关闭到位时间差,判断列车车门和站台门关闭的动作协同情况
测试结果	列车车门和站台门开关过程联动功能正确,打开和关闭动作协同情况应满足有关设计和运营要求

5.4.6 列车折返能力测试应符合表5.4.6的规定。

表5.4.6 测试表41—列车折返能力测试

项目名称	列车折返能力测试

续表5.4.6

测试目的	测试列车折返能力是否符合设计要求
测试内容与方法	1 取影响远期运输能力的车站折返线作为测试对象,核实测试所需要的各项条件;在测试前,具有由设计单位提供被测有关区间的供电能力核算报告,测试所必需的列车数量(一般至少6列以上列车且运行状态良好)到位,为不影响换端作业,在各列车的头尾端均安排一名列车驾驶员。 2 编制好列车折返能力测试列车运行图,列车驾驶员严格按图行车,并按照站台指示间隔发车,各车站站务人员应做好站台值守,及时处置站台门等故障;有关技术人员在调度中心和设备房做技术保障。 3 记录下行站台停车、下行站台出发、下行站台出站至折返点停车、换端后出发、折返出发至上行站台停车、上行站台出发等时刻,并记录列车行车出站至折返点、折返出发至上行站台停车的过程中列车过岔最高运行速度等数据;根据实际情况进行列车运行多回合测试。 4 下载调度中心和车载有关记录数据,完成折返能力分析
测试结果	列车折返能力应符合设计要求

5.5 防灾联动

5.5.1 防灾联动测试包括车站综合后备控制盘(IBP盘)功能、车站公共区火灾工况联动、车辆区间事故工况联动、车辆基地停车列检库火灾联动、自然灾害及异物侵限工况联动测试。

5.5.2 车站综合后备控制盘(IBP盘)的功能测试应符合表5.5.2的规定。

表5.5.2 测试表42—车站综合后备控制盘(IBP盘)功能测试

测试名称	车站综合后备控制盘(IBP盘)功能测试
测试目的	测试IBP盘功能是否符合设计要求
测试内容与方法	1 火灾模式功能测试:在车站IBP盘执行车站、隧道火灾模式指令,记录车站、隧道防排烟系统设备的运行模式、动作情况。

续表5.5.2

测试内容与方法	2 专用排烟风机功能测试:在车站 IBP 盘执行排烟或加压送风机的启/停操作,记录相关设备的运行模式、动作情况。 3 紧急停车操作测试:首先在车站 IBP 盘上执行紧急停车操作,记录车站紧急停车功能控制范围内的列车运行状态、紧急停车时间;再在车站 IBP 盘上执行取消紧急停车操作,记录车站紧急停车功能控制范围内的列车恢复运行后的状态。 4 车站闸机紧急模式测试:在车站 IBP 盘上执行闸机紧急释放操作,记录车站闸机通道阻挡装置动作情况。 5 车站站台门应急操作测试:在车站 IBP 盘上人工执行上行和下行站台门开关门操作,记录站台门动作情况。 6 车站门禁紧急释放测试:在车站 IBP 盘上进行门禁系统紧急释放功能操作,记录门禁系统动作情况。 7 车站消防泵火灾工况测试:在车站 IBP 盘上进行消防泵启/停操作,记录消防泵启/停、指示灯点亮/关闭情况。 8 IBP 盘上其他必须在防灾工况下操作的设备系统测试:在确保测试安全的前提下,在车站 IBP 盘上进行相关设备系统的操作,记录相关设备系统的动作情况
测试结果	各相关设备系统运行模式、动作情况应符合设计要求

5.5.3 车站公共区火灾工况联动测试应符合表 5.5.3 的规定。

表 5.5.3 测试表 43—车站公共区火灾工况联动测试

测试名称	车站公共区火灾工况联动测试
测试目的	测试车站公共区火灾工况下设备接口功能和联动响应是否符合设计要求
测试内容与方法	1 分别测试车站站台、站厅等公共区域。 2 测试用的模拟火源可采用烟饼与无烟明火组合的形式;条件允许时,宜采用有烟明火模拟,烟气持续时间宜不小于 10 min。 3 模拟火源在测试前随机布置于车站站台、站厅的可能起火位置。 4 开始测试后,现场监视有关监控工作站,记录火灾自动报警系统是否正确报警及报警时间。

续表5.5.3

测试内容与方法	5 现场测试和检查记录车站防排烟、综合监控、客票、自动扶梯、电梯、动力照明、广播、门禁、站台门、乘客信息等系统在火灾工况下的动作和设备、系统间联动响应情况、站厅到站台楼梯口风速以及火灾模式执行情况。 6 记录车站现场处置预案响应及效果
测试结果	1 火灾自动报警系统主机和综合监控系统工作站可显示火灾报警,火灾报警信息与现场一致,且满足设计要求。 2 火灾报警后,环境与设备监控系统可在设计时间内正确执行火灾联动操作。 3 站厅和站台风口风向、梯口风速应符合设计要求;防排烟系统在设计时间内正确启动,可稳定排烟;车站应急照明启动、非消防电源切除可在设计时间内正确完成;与火灾模式联动有关的车站自动检票机、相关区域门禁、广播、乘客信息系统、车站疏散指示、垂直电梯等切换和动作,以及视频监控系统、防火卷帘等动作均应符合设计要求。 4 车站现场处置预案响应符合设计要求

5.5.4 车辆区间事故工况联动测试应符合表5.5.4的规定。

表5.5.4 测试表44—车辆区间事故工况联动测试

测试名称	车辆区间事故工况联动测试
测试目的	在车辆区间阻塞/火灾联动等事故工况下,测试各有关专业设备接口关系和联动运转是否符合设计要求
测试内容与方法	1 车辆行驶至被测区间任意位置时停车模拟阻塞模式,停车时间应超过阻塞报警设定的时间,记录阻塞报警信息上报和区间阻塞模式执行等处理过程,执行列车区间阻塞模式后,记录列车所停区间的风速和风向。 2 车辆行驶至被测区间任意位置时停车,模拟火灾工况,在调度中心测试火灾报警、信息上报及处理过程,执行列车区间火灾联动模式后,记录区间两端车站通风设备动作情况、现场检测并记录事故列车所在区间的风速和风向。 3 车辆以设计速度运行至被测试区间,在不停车运行状态下模拟列车火灾工况,在调度中心测试火灾报警、信息上报及处理过程;记录列车应急处理过程。 4 模拟区间着火车辆进站疏散工况,测试车站及隧道内相关设备系统的运行模式、联动情况。

续表5.5.4

测试内容与方法	5 测试车辆区间阻塞/火灾联动等事故工况下,广播、站台门、乘客信息系统的运行状态与正确性;现场疏散指示标识内容和指向显示是否符合设计
测试结果	在车辆区间阻塞/火灾联动等事故工况下,隧道通风排烟设备、动力照明、信号系统、火灾报警、综合监控系统、广播、站台门、乘客信息系统的运行状态和设备、系统间联动情况应符合设计要求

5.5.5 车辆基地停车列检库火灾联动测试应符合表5.5.5的规定。

表5.5.5 测试表45—车辆基地停车列检库火灾联动测试

测试名称	车辆基地停车列检库火灾联动测试
测试目的	测试有上盖的车辆基地停车列检库火灾工况下各有关专业设备接口关系和联动运转是否符合设计要求
测试内容与方法	1 测试对象为有上盖的停车列检库的盖下空间。 2 测试用的模拟火源可采用烟饼与无烟明火组合的形式;条件允许时,宜采用有烟明火模拟。 3 模拟火源在测试前随机布置于停车列检库的盖下空间可能起火的位置或不利位置。 4 开始测试后,现场监视有关监控工作站,记录火灾自动报警系统的报警响应及报警时间。 5 现场检测测试停车列检库盖下空间的防排烟、火灾报警、动力照明、设备监控、自动灭火系统等系统设备的运行模式和动作响应是否符合设计要求
测试结果	1 火灾自动报警系统主机和综合监控系统工作站显示火灾报警,报警显示信息与现场状况一致,报警时间满足设计要求。 2 触发火灾模式指令后,环境与设备监控系统执行火灾模式并显示执行火灾模式状态。 3 停车列检库盖下空间防排烟系统正确启动,排烟模式符合设计要求;动力照明系统、环境与设备监控系统、自动灭火系统动作模式应符合设计要求

5.5.6 自然灾害及异物侵限工况联动测试应结合设计情况,包括雨量监测、上跨市域铁路的道路桥梁异物侵限监测等测试内

容。测试应符合表5.5.6的规定。

表5.5.6 测试表46——自然灾害及异物侵限工况联动测试

项目名称	自然灾害及异物侵限工况联动测试
测试目的	在模拟特定工况下,测试自然灾害及异物侵限监测系统,验证系统设备是否达到相关技术条件要求,确认系统功能以及与信号系统接口功能是否满足设计要求
测试内容与方法	1 雨量监测功能测试:小时雨量报警及限速提示、24 h雨量报警及限速提示、连续雨量报警及限速提示的测试。记录系统运行情况,并将实际结果与预定结果进行比较。 2 上跨市域铁路的道路桥梁异物侵限监测功能测试:电网实时监测、异物侵限报警、临时行车、调度恢复、现场恢复、远程试验、与信号系统接口功能的测试。记录系统运行情况,并将实际结果与预定结果进行比较
测试结果	自然灾害及异物侵限系统各相关设备状态、应用软件功能应满足设计要求

5.6 噪声及电磁环境

5.6.1 噪声测试项目应包括列车车辆内部噪声和站台噪声,并应符合表5.6.1的规定。

表5.6.1 测试表47——列车车辆内部噪声和站台噪声测试

项目名称	列车车辆内部噪声和站台噪声测试
测试目的	对车内噪声和站台噪声进行测试
测试内容及方法	1 列车车辆内部噪声测试点设置应符合《城市轨道交通列车噪声限值和测量方法》GB 14892的规定,测试方法应符合下列规定: 　1)列车运行速度不低于线路最高运行速度的75%,或按实际运营条件下的速度,速度波动范围应小于±5%; 　2)测量时,所有门、窗处于关闭状态,辅助机组应正常运转; 　3)车辆内部人员不超过4人; 　4)每次测量的时间长度应不少于30 s。

续表5.6.1

测试内容及方法	2 站台噪声测试应符合《城市轨道交通车站站台声学要求和测量方法》GB 14227 的规定。 3 车内噪声测试指标为司机室内与客室内的等效声级（L_{eq}），站台噪声检测指标为站台等效声级（L_{eq}）。 4 测点选择包含两方面： 1) 列车车辆内部噪声应对全线各区间分别进行测试； 2) 站台噪声应对全线各车站分别进行测试
测试结果	1 列车车辆内部噪声应符合下表规定： | 运行线路	位置	限值[dB(A)]
---	---	---
地下	司机室内	80
	客室内	83
地上	司机室内	75
	客室内	75	 2 车辆进出站时，站台最大容许噪声限值为 80 dB(A)

5.6.2 电磁环境测试包括距轨道中心线 10 m 处列车通过时电磁干扰场强、列车正常运行和接触网短路条件下信号电缆感应电动势，并应分别符合表 5.6.2-1、表 5.6.2-2 的规定。

表 5.6.2-1 测试表 48—列车通过时电磁干扰场强测试

项目名称	列车通过时电磁干扰场强测试
测试目的	对列车通过时电磁干扰场强进行测试
测试内容及方法	测量接收机设置为峰值检波方式。9 kHz～30 MHz 频段采用环天线，环面平行于线路，环天线中心距轨平面 1 m～2 m 的高度。30 MHz～1 000 MHz 频段采用双锥和对数周期天线，天线垂直极化指向线路天线中心距轨平面 2.5 m～3.5 m 的高度。测量频率选择 1 MHz 和 150 MHz 两个代表性频点
测试结果	测试结果应符合设计要求

表 5.6.2-2　测试表 49—信号电缆感应电动势测试

项目名称	信号电缆感应电动势测试
测试目的	对信号电缆芯线感应电动势进行测试
测试内容及方法	1　测试方法:列车运行时,将被测电缆芯线一端接地,测量另一端对地的开路电压,并记录有效值;接触网短路时,将被测电缆芯线一端接地,测量另一端对地的开路电压,并记录瞬时值,采样速率应大于 10 kHz。 2　测点选取:选择典型长度(1 个闭塞分区)信号电缆的空闲芯线
测试结果	1　接触网正常供电时,信号电缆同一芯线上任意两点间的感应纵电动势有效值不应大于 60 V。 2　接触网故障状态时,信号电缆同一芯线上任意两点间的感应纵电动势有效值不应大于电缆交流耐压试验电压的 85%

5.7　接地性能

5.7.1　具有完整的接地系统验收合格报告。电位、电流、接地电阻测试应分别符合表 5.7.1-1～表 5.7.1-3 的规定。

表 5.7.1-1　测试表 50—钢轨电位、轨旁设施电位测试

项目名称	钢轨电位、轨旁设施电位测试
测试目的	验证接地系统的技术性能与技术指标等是否达到设计要求,为系统调整和优化提供依据
测试内容及方法	电位检测应包括列车运行时和接触网短路时的电位。 1　列车运行时的电位:采用电压探头一端接被测端子(钢轨、轨旁设施金属螺栓),另一端接参考地端子(距线路 100 m 的接地电极),测量两端子之间的电位差,并由采集设备记录 2　接触网短路时的电位:采用电压探头一端接钢轨,另一端接接地端子,测量两端子之间的电位差,并由采集设备记录 3　测点选取:在正线代表性区段(路基、桥梁或隧道)和站台各选择不少于 1 处作为测点

续表5.7.1-1

测试结果	1 列车正常运行情况下,钢轨电位、轨旁设施电位应小于120 V(持续时间>300 s)。 2 接触网短路时,钢轨电位、轨旁设施电位限值应符合下表的要求:

序号	时限(s)	电位限值(V)
1	0.6	360
2	0.5	440
3	0.4	590
4	0.3	960
5	0.2	1 290
6	0.1	1 570
7	0.05	1 670
8	0.02	1 730

表 5.7.1-2 测试表 51—钢轨电流、架空回流线电流、贯通地线电流测试

项目名称	钢轨电流、架空回流线电流、贯通地线电流测试
测试目的	验证接地系统的技术性能与技术指标等是否达到设计要求,为系统调整和优化提供依据
测试内容及方法	测试应包括列车运行时和接触网短路时的电流。 1 列车运行时的电流:采用传感器在扼流变压器中心抽头联线处(或在钢轨底部)对钢轨电流进行检测;采用传感器套住贯通地线,所测得电流值即为贯通地线电流;采用传感器套住架空回流线,所测得电流值即为架空回流线电流;分别由采集设备记录。 2 列车运行时变电所集中接地箱内电流:采用电流传感器套住钢轨引回线,所测电流值即为钢轨流回接地箱电流;采用电流传感器套住回流线引回线,所测电流值即为回流线流回接地箱电流;采用电流传感器套住贯通地线引回线,所测电流值即为贯通地线流回接地箱电流;采用电流传感器套住地网引回线,所测电流值即为大地流回接地箱电流。分别由采集设备记录。

续表5.7.1-2

测试内容及方法	3 接触网短路时的电流:电流测量应采用电流传感器套住钢轨、贯通地线,并记录瞬时波形,测试的采样率应大于 10 kHz。 4 测点选取:电流在正线代表性区段(路基、桥梁或隧道)和牵引变电(分区)所各选择1处作为测点
测试结果	1 列车运行时,钢轨电流不应大于 2 000 A,架空回流线电流和贯通地线电流应符合设计要求。 2 牵引变电(分区)所地网回流比例按下表评判等级一、二级为合格,三级为不合格。 | 检测参数	评判等级	回流比例范围
---	---	---
η_{pe} 牵引变电(分区)所地网回流占总回流比例	一	$10\% < \eta_{pe} \leq 35\%$
	二	$1.5\% < \eta_{pe} \leq 10\%$
		$35\% < \eta_{pe} \leq 50\%$
	三	$\eta_{pe} \leq 1.5\%, \eta_{pe} > 50\%$	 3 接触网人工短路时钢轨电流和贯通地线电流应符合设计要求

表5.7.1-3 测试表52—钢轨对地过渡电阻、工频接地电阻、冲击接地电阻、等电位连接电阻及连接点温升测试

项目名称	钢轨对地过渡电阻、工频接地电阻、冲击接地电阻、等电位连接电阻及连接点温升测试
测试目的	验证接地系统的技术性能与技术指标等是否达到设计要求,为系统调整和优化提供依据
测试内容及方法	接地电阻宜采用直线三极法进行测量。 1 工频接地电阻在正线代表性区段(路基、桥梁或隧道)和车站各选择不少于1处作为测点。 2 冲击接地电阻在地表处应至少选择1处测点进行测试。 3 等电位连接电阻在各正线代表性区段和车站内分别抽测不少于3个点。 4 连接点温升测试在各正线代表性区段和车站内分别抽测不少于3个点

续表5.7.1-3

测试结果	1 综合接地设计原则下的接地系统工频接地电阻不应超过1 Ω,独立接地体的工频接地电阻应符合设计要求。 2 地表建(构)筑物的防雷引下线处,及线路正线地表区段支柱防雷引下线处的冲击接地电阻不应超过10 Ω。 3 等电位连接点的连接点电阻不宜超过50 MΩ,超过时应做相应检查,最大值不应超过200 MΩ。 4 在行车状态下,接地系统或等电位系统内通过电流时,接地系统及等电位系统的连接点温升不应超过设计要求或该截面下的导线热稳定性要求

5.7.2 距贯通地线20 m范围内建(构)筑物的接地装置应与贯通地线等电位连接。

5.7.3 距接触网支柱、接触网带电部分5 m范围以内的金属结构、电气设备应通过接地端子与接地系统的贯通地线等电位连接。

6 运营准备

6.1 组织架构

6.1.1 运营单位应建立符合运营管理模式、满足运营管理要求的组织架构,应包含行车组织、客运服务、设施设备维护和安全生产管理等部门。

6.1.2 运营单位应设置安全生产管理机构,并配备专职安全生产管理人员。

6.1.3 运营单位应设置受理和处理乘客投诉的部门。

6.2 岗位与人员

6.2.1 运营单位应根据组织架构合理设置岗位,并明确岗位职责和作业标准。

6.2.2 运营单位主要负责人和安全生产管理人员应按规定接受安全培训,初次安全培训时间不少于32学时。列车司机、调度员、值班员、信号工、通信工等重点岗位人员应通过安全背景审查。

6.2.3 列车司机岗位应符合下列规定:

1 接受不少于300学时的理论知识培训和不少于2个月的岗位技能培训,包括出退勤作业、车辆整备和出入场作业、正线和车辆基地作业、车辆设备基本操作、正常和非正常情况下行车、车辆故障应急处置和救援、乘客紧急疏散等培训。

2 通过心理测试。

3 通过理论知识考试和岗位技能考试。

4 在本线上的驾驶里程不少于 1 000 km。其中,新司机应在经验丰富的列车司机指导和监督下驾驶,驾驶里程不少于 5 000 km;由国家铁路动车组司机和地铁电动客车司机转岗的司机,脱岗时间不得超过 3 个月。

6.2.4 计划调度员、行车调度员、供电调度员、环控调度员、动车调度员、综合维修调度员和客服调度员岗位应符合下列规定:

1 接受不少于 300 学时的理论知识培训和不少于 3 个月的岗位技能培训。计划调度员培训包括调度工作规则、行车组织规程、客运组织规程、施工管理规程等;行车调度员培训包括行车计划编制规则、调度工作规则、施工管理规程等;供电调度员培训包括电力作业安全规则、电力操作规程、电力故障和事故应急处置等;环控调度员培训包括环控、站台门、防灾报警等机电设备的规程、有关环控设备故障和事故应急处置等。

2 通过理论知识考试和岗位技能考试。

3 在经验丰富的调度员指导和监督下进行操作,时间不少于 1 个月。

6.2.5 行车值班员岗位应符合下列规定:

1 接受不少于 150 学时的理论知识培训和不少于 1 个月的岗位技能培训,包括车站行车作业、客运服务、票务管理、检修施工、设备基本操作和突发事件应急处置等培训。

2 通过理论知识考试和岗位技能考试。

3 在经验丰富的值班员指导和监督下进行操作,时间不少于 1 个月。

6.2.6 设施设备维护人员经系统岗位培训,通过理论知识考试和岗位技能考试。

6.2.7 调度中心值班主任应具有 2 年及以上行车调度岗位工作经历(含国家铁路或地铁),经系统岗位培训后,掌握计划调度、行车调度、供电调度、环控调度、动车调度、综合维修调度和客服调度的工作内容和安全作业要求。

6.2.8 列车司机、调度员、值班员、设备维修人员、客运服务人员应持证上岗;特种设备作业和维护人员应具有特种设备作业和维护资质,并持证上岗。

6.3 运营管理

6.3.1 运营单位应建立下列运营管理制度:
1 安全管理制度,包括风险分级管控、隐患排查治理、职业健康、安全检查、安全教育培训和考核、危险品管理、保护区安全管理、关键信息系统等级保护。
2 行车管理类制度,包括行车管理办法、车辆基地及车站行车工作细则、调度工作规则、检修施工管理办法及互联互通相关办法等。
3 服务管理类制度,包括客运管理、服务质量标准、企业内部服务监督检查管理办法、票务管理办法和车站环境管理办法等。
4 设施设备管理制度,包括各专业设施设备系统检修规程和管理制度等。
5 操作规程,包括各岗位操作规程、各专业系统操作手册和故障处理指南等。

6.3.2 运营单位应结合工程可行性研究报告的客流预测、沿线客流因素变化、既有线路客流情况等,编制与路网、本线关联的开通年客流预测报告。

6.3.3 运营单位应综合考虑线路初期运营设计运能、车辆配属、开通年客流预测,以及设备技术条件、列车运行与折返时间,并结合市域铁路现有情况等因素,编制列车运行计划。

6.3.4 运营单位应结合车辆采购方案,考虑调试和应急处置等要求,合理分配运用车和备用车数量,满足初期运营列车运行图行车和应急情况下运输组织调整需要。

6.3.5 运营单位应根据车站配线、站台布局、信号系统、供电系统等设施设备的配置情况及开通年常态运营方案，制订正常、非正常和应急状态下的行车组织方案。

6.3.6 应具有大客流车站站台至站厅或其他安全区域的疏散楼梯、用作疏散的自动扶梯和疏散通道的通过能力模拟测试报告，核验超高峰小时一列进站列车所载乘客及站台上的候车人员能在 6 min 内全部疏散至站厅公共区或其他安全区域、公共区乘客人流密度等参数是否符合乘客疏散和安全运营要求。

6.3.7 运营单位应根据列车运行计划、开通年客流预测、设施设备能力和人员配备情况，编制客运组织方案。

6.3.8 运营单位应制定检修施工管理制度，应明确规定施工作业请点、销点、施工作业安全防护、施工动火作业和工程车使用、施工作业旁站监督等要求。

6.3.9 运营单位应具有初期运营所需的土建工程竣工资料以及设备系统技术规格说明书、操作手册、维修手册、各类软件和调试报告等技术图纸资料。

6.3.10 应有沿线公交配套衔接方案，公交配套衔接与车站同步实施到位、同步投入使用。

6.3.11 应有市域铁路与其他轨道交通衔接方案，配套设施同步实施到位、同步投入使用。

6.3.12 运营单位应根据设计文件，结合基础设施维护维修的需要，接收工程移交或者自行配备各类维修用生产设施以及相应的备品备件、仪器仪表等检修、维护设备。

6.4 应急管理

6.4.1 运营单位应建立应急信息报送、应急值守和报告、乘客应急信息发布、乘客伤亡事故处置和运营突发事件（事故）调查处理等应急管理制度。

6.4.2 运营单位应与有关管理部门和单位建立突发事件应急联动机制。

6.4.3 初期运营安全评估前，运营单位应按规定制定突发事件应急预案，并完成演练，做好记录和评价。主要包括：

1 运营突发事件应急预案：应对列车脱轨、列车相撞、突发停电、突发大客流、火灾、设施设备故障、乘客滞留、乘客意外伤害事件等应急预案。其中，设施设备故障应急预案包括调度系统、列车、供电、信号、通信、工务和机电等系统。

2 自然灾害事件应急预案：应对台风、洪涝、冰雪等气象灾害和地震、山体滑坡等地质灾害的应急预案。

3 公共卫生事件应急预案：应对防疫等突发公共卫生事件的应急预案。

4 社会安全事件应急预案：应对人为纵火、爆炸、投毒和核生化袭击等应急预案。

6.4.4 对于不同运营单位共管的换乘站，应制定协同处置预案。

6.4.5 初期运营前，应至少开展1次有相关应急处置部门和单位参加的综合性应急演练，并做好记录和评价。

6.4.6 运营单位应开展下列应急演练项目：

1 临时扣车、加车、越站行车、各种交路列车折返等行车组织应急演练。

2 跨线运行故障应急演练。

3 列车故障救援应急演练。

4 列车相撞和脱轨应急演练。

5 供电（弓网故障等）、通信、信号（道岔故障增加人工准备进路等）、轨道（列车挤岔、人员侵限等）、站台门等设备故障应急演练。

6 突发停电（含区间应急照明和列车应急照明）、突发大客流及公交应急演练。

7 车站站台火灾、站厅火灾、区间火灾、主要设备房火灾等应急演练。

    8 道床拱起、隧道拱顶漏水、隧道结构意外打穿等线路专业应急演练。

    9 乘客滞留、乘客意外伤害应急演练。

    10 风、雪、雨等恶劣天气条件下应急演练。

6.4.7 对于委外维修的业务，运营单位应与委外维修单位签订委外维修协议，明确规定委外维修单位安全管理职责、背景审查和监管、人员安全培训和上岗条件、应急演练和救援、对重点维修项目的过程监督检查和验收等基本要求。

6.4.8 运营单位应配备满足初期运营需要的应急救援物资和专业器材装备，建立相应的维护、保养和调用等制度。

6.4.9 运营单位应建立专业应急抢险队伍，熟练掌握应急救援预案、应急救援器材装备使用方法和应急救援要求。

附录 A 试运行关键指标计算方法

A.1 列车运行图兑现率

A.1.1 定义

统计期内,实际开行列车次数与列车运行图图定开行列车次数之比,实际开行的列车次数中不包括临时加开的列车次数。

A.1.2 计算方法

列车运行图兑现率的计算方法见公式(A.1.2)。

$$A=\frac{N_1}{N_4}\times 100\% \qquad (A.1.2)$$

式中:A ——列车运行图兑现率;

N_1——实际开行列车次数,即实际完成列车运行图(列车运行实绩图)中规定的列车开行计划的列车数量(列);

N_4——图定开行列车次数,即列车运行图中规定的开行列车数量(列)。

A.2 列车正点率

A.2.1 定义

统计期内,正点列车次数与实际开行列车次数之比。

A.2.2 计算方法

列车正点率的计算方法见公式(A.2.2)。

$$B = \frac{N_3}{N_1} \times 100\% \qquad (A.2.2)$$

式中：B ——列车正点率；

N_3 ——正点列车次数，即统计期内，在执行列车运行图过程中，列车终点到站时刻与列车运行图计划到站时刻相比误差小于 2 min 的列车次数（列）。

A.3 列车服务可靠度

A.3.1 定义

统计期内，全部列车总行车里程与 5 min 及以上延误次数之比，单位为万列公里/次。

A.3.2 计算方法

列车服务可靠度的计算方法见公式(A.3.2)。

$$C = \frac{L}{N_5} \times 100\% \qquad (A.3.2)$$

式中：C ——列车服务可靠度；

L ——全部列车总行车里程（万列公里）；

N_5 ——5 min 及以上延误次数（次）。

A.4 列车退出正线运营故障率

A.4.1 定义

统计期内，列车因发生车辆故障而必须退出正线运营的故障次数与全部列车总行车里程比值，单位为次/万列公里。

A.4.2 计算方法

列车退出正线运营故障率的计算方法见公式(A.4.2)。

$$D = \frac{N_6}{L} \qquad (A.4.2)$$

式中：D ——列车退出正线运营故障率；

N_6 ——导致列车退出正线运营的车辆故障次数，即因发生车辆故障而导致列车必须退出正线运营的故障次数(次)。

A.5 车辆系统故障率

A.5.1 定义

统计期内，导致列车运行晚点 2 min 及以上的车辆故障次数与全部列车总行车里程的比值，单位为次/万列公里。

A.5.2 计算方法

车辆系统故障率的计算方法见公式(A.5.2)。

$$E = \frac{N_2}{L} \quad\quad (A.5.2)$$

式中：E ——车辆系统故障率；

N_2 ——导致 2 min 及以上晚点的车辆故障次数(次)；

L ——全部列车总行车里程(万列公里)。

A.6 信号系统故障率

A.6.1 定义

统计期内，信号系统故障次数与全部列车总行车里程的比值，单位为次/万列公里。

A.6.2 计算方法

信号系统故障率的计算方法见公式(A.6.2)。

$$F = \frac{N_7}{L} \quad\quad (A.6.2)$$

式中：F ——信号系统故障率；

N_7 ——信号系统故障次数(次)。信号系统故障是指列车无法以自动防护模式运行、部分区段无速度码或发生道岔失去表示的情况。

A.7 供电系统故障率

A.7.1 定义

统计期内,供电系统故障次数与全部列车总行车里程的比值,单位为次/万列公里。

A.7.2 计算方法

供电系统故障率的计算方法见公式(A.7.2)。

$$G=\frac{N_8}{L} \tag{A.7.2}$$

式中:G——供电系统故障率;

N_8——供电系统故障次数(次)。供电系统故障是指造成部分区段失电或单边供电的故障。

A.8 站台门故障率

A.8.1 定义

统计期内,站台门故障次数与站台门动作次数的比值。

A.8.2 计算方法

站台门故障率的计算方法见公式(A.8.2)。

$$H=\frac{N_9}{N_{10}} \tag{A.8.2}$$

式中:H——站台门故障率;

N_9——站台门故障次数(次),即单个站台门无法打开或关闭记为站台门故障1次,多个站台门同时无法打开或关闭时,故障次数按发生故障的站台门数量累计;

N_{10}——站台门动作次数,即单个站台门开启并关闭1次记为站台门动作1次(万次)。

附录 B 系统联动测试指标计算方法

B.1 轨道不平顺质量指数(TQI)

B.1.1 轨道不平顺质量指数的计算方法见公式(B.1.1-1)。

$$\mathrm{TQI} = \sum_{i=1}^{7} \sigma_i \qquad (\mathrm{B}.1.1\text{-}1)$$

式中：σ_i——各项几何偏差的标准差(mm)，按式(B.1.1-2)计算。

$$\sigma_i = \sqrt{\frac{1}{N}\sum_{i=1}^{N}(x_{ij} - \bar{x}_i)^2} \qquad (\mathrm{B}.1.1\text{-}2)$$

$\bar{x}_i$——各项几何偏差在单元区段中连续采样点的幅值的算术平均值(mm)；

x_{ij}——各项几何偏差在单元区段中连续采样点的幅值(mm)；

N——采样点的个数。

B.2 车辆运行平稳性指标

B.2.1 车辆运行平稳性指标的计算方法见公式(B.2.1)。

$$W = 3.57 \times \sqrt[10]{\frac{A^3}{f}F(f)} \qquad (\mathrm{B}.2.1)$$

式中： W——平稳性指标；
A——振动加速度(m/s^2)；
F——振动频率(Hz)；
$F(f)$——频率修正系数,见表 B.2.1。

表 B.2.1 频率修正系数

垂直振动		横向振动	
0.5 Hz~5.9 Hz	$F(f)=0.325f^2$	0.5 Hz~5.4 Hz	$F(f)=0.8f^2$
5.9 Hz~20 Hz	$F(f)=400/f^2$	5.4 Hz~26 Hz	$F(f)=650/f^2$
>20 Hz	$F(f)=1$	>26 Hz	$F(f)=1$

B.3 燃弧率

B.3.1 燃弧率的计算方法见公式(B.3.1)

$$\mu = \frac{\sum t_{arc}}{t_{total}} \times 100\% \qquad (B.3.1)$$

式中： μ——燃弧率；

$\sum t_{arc}$——单次燃弧持续时间大于 5 ms 的燃弧时间总和；

T_{total}——检测总时间。

附录C 测试参考表

表C 测试参考表

表号+表名		
测试名称		
测试目的		
测试内容与方法		
测试结果		
测试结论		
建设单位	运营单位	设计单位
年 月 日	年 月 日	年 月 日
施工单位	监理单位	系统集成单位
年 月 日	年 月 日	年 月 日
测试单位	设备供应商1	设备供应商2
年 月 日	年 月 日	年 月 日

本标准用词说明

1 为了便于在执行本标准条文时区别对待,对要求严格程度不同的用词说明如下:
　　1)表示很严格,非这样做不可的用词:
　　　正面词采用"必须";
　　　反面词采用"严禁"。
　　2)表示严格,在正常情况下均应这样做的用词:
　　　正面词采用"应";
　　　反面词采用"不应"或"不得"。
　　3)表示允许稍有选择,在条件许可时首先应这样做的用词:
　　　正面词采用"宜";
　　　反面词采用"不宜"。
　　4)表示有选择,在一定条件下可以这样做的用词,采用"可"。

2 本标准中指定应按其他有关标准执行时,写法为"应符合……的规定(要求)"或"应按……执行"。

引用标准名录

1 《电信线路遭受强电线路危险影响的允许值》GB 6830—86
2 《城市轨道交通车站站台声学要求和测量方法》GB 14227
3 《城市轨道交通列车噪声限值和测量方法》GB 14892
4 《轨道检查车》GB/T 25021
5 《轨道交通 地面装置 第1部分:电气安全和接地相关的安全性措施》GB/T 28026.1—2011
6 《客货共线铁路工程动态验收技术规范》TB 10461—2019
7 《市域(郊)铁路设计规范》TB 10624—2020
8 《铁路信号电缆 第1部分:一般规定》TB/T 2476.1—2017
9 《城市轨道交通初期运营前安全评估技术规范 第1部分:地铁和轻轨》(交运办〔2019〕17号)

上海市交通运输行业协会团体标准

市域铁路初期运营前安全评估技术标准

T/SHJX 045—2022

条 文 说 明

2022 上海

目 次

1 总 则 …………………………………………… 70
4 系统功能核验 ………………………………… 71
　　4.2 线路、限界及轨道 …………………………… 71
5 系统联动测试 ………………………………… 72
　　5.3 弓网关系 ……………………………………… 72
　　5.5 防灾联动 ……………………………………… 72
　　5.6 噪声及电磁环境 ……………………………… 72
6 运营准备 ……………………………………… 74
　　6.3 运营管理 ……………………………………… 74

1 总　则

1.0.1 市域铁路具有地方铁路的属性,依据《上海市铁路安全管理条例》(2021年3月1日起施行),须在初期运营前开展安全评估工作。国家铁路及城市轨道交通已经在安全评估方面积累了成熟的经验,本标准借鉴了原中国铁路总公司《新建铁路项目运营安全评估办法(试行)》(铁总安监〔2015〕361号)、交通运输部《城市轨道交通初期运营前安全评估管理暂行办法》(交运规〔2022〕4号)、交通运输部办公厅《城市轨道交通初期运营前安全评估技术规范　第1部分:地铁和轻轨》(交运办〔2019〕17号)等关于初期运营前安全评估成熟的管理办法和技术标准。在此基础上,根据市域铁路的特点,制定本标准。

1.0.2 根据国务院办公厅转发国家发展改革委、交通运输部、国家铁路局、中国国家铁路集团有限公司等单位《关于推动都市圈市域(郊)铁路加快发展意见的通知》(国办函〔2020〕116号)中明确的市域铁路功能定位和技术标准:"新建线路单程通行时间宜不超过1小时,设计速度宜为100～160 km/h",本标准适用于设计速度100 km/h～160 km/h的新建、改建和扩建市域铁路项目,其中改建、扩建项目是指改建、扩建后由市域铁路运营单位管理的市域铁路。

4 系统功能核验

4.2 线路、限界及轨道

4.2.1 线路按其在运营中的作用,可分为正线、到发线、配线、车场线,此种分类能更直接体现线路的功能属性及其技术标准情况。配线主要为运营组织服务,配合列车转换线路、转换运行方向或增加运行方式灵活性,是列车运行组织和调整的基础,分为联络线、出入线、折返线、停车线、渡线、安全线。联络线指车站与车站、车站与正线及两条正线间连接的线路。出入线指出入车辆基地(或停车场)专用的列车走行线路。折返线指办理折返列车作业的线路。停车线指办理故障列车待避、临时停放列车或夜间停放车辆等作业的线路。安全线指为防止列车从一进路进入另一列车占用的进路而发生冲突的一种安全隔开设备。

4.2.4 普通接头由鱼尾夹板、螺栓等组成,车挡铺设范围内若存在普通接头,则影响车挡设备安装及滑移,必须避免;焊接接头需打磨处理。

5 系统联动测试

5.3 弓网关系

5.3.2 表5.3.2中数据适用于柔性悬挂。刚性悬挂无张力,刚度大安装调整精度易于控制,动态检测数据较静态检测数据变化小,且检测数据受检测系统误差影响较大,因此不设置刚性悬挂测试结果,但需满足验收标准的要求。

5.3.6 对列车主断路器自动分闸时速度值、列车主断路器自动合闸时速度值、列车通过分相区时长没有具体要求。

5.5 防灾联动

5.5.6 根据《市域(郊)铁路设计规范》TB 10624—2020 第18.7.2条、第18.7.4条的规定,100 km/h～160 km/h 的市域铁路自然灾害监测系统仅需设置雨量监测,一般不设置风、雪及地震监测,根据需要可设置上跨市域铁路的道路桥梁异物侵限监测系统,本条仅对雨量监测及上跨市域铁路的道路桥梁异物侵限监测功能进行测试。

5.6 噪声及电磁环境

5.6.2 根据《铁路信号设计规范》TB 10007—2017 第18.3.5条,接触网正常供电时,信号电缆同一芯线上任意两点间的感应纵电动势有效值不应大于60 V;接触网故障状态时,信号电缆同一芯线上任意两点间的感应纵电动势有效值不应大于电缆直流耐压试验电压的60%或交流耐压试验电压的85%。根据《铁路信号电缆 第1部分:一般规定》TB/T 2476.1—2017第5.6条,电缆芯线对地50 Hz、2 min交流耐压试验电压值为1 800 V,进而得出,接触网短路时,信号电缆同一芯线上任意两点间的感应纵电动势有效值不应超过1 530 V;根据《铁路数字信号电缆 第1部分:一般规定》TB/T 3100.1—2017第5.6条,电缆芯线对地50 Hz、2 min交流耐压试验电压值为2 000 V,进而得出,接触网短路时,数字信号电缆同一芯线上任意两点间的感应纵电动势有效值不应超过1 700 V。

6 运营准备

6.3 运营管理

6.3.6 大客流车站主要是指含各种交路折返车站、停车功能车站、与其他轨道交通互联互通车站和跨省市运营接口站等。

6.3.7 客运组织方案应至少包括组织机构、岗位设置、上岗人员、客流疏散方案、乘客换乘安全保障方案。